チャレンジ運動による仲間づくり

楽しくできる「体ほぐしの運動」

ダニエルW.ミドゥラ　ドナルドR.グローバー［著］

高橋健夫［監訳］

Together Each Accomplishes More

みんなが一緒にやれば、もっとたくさんのことが達成できる。

大修館書店

Team Building Through Physical Challenges
&
More Team Building Challenges

by
Donald R. Glover / Daniel W. Midura

Copyright © 1992, 1995 by Donald R. Glover and Daniel W. Midura
Japanese translation rights arranged with Human Kinetics Publishers, Inc. through Japan UNI Agency, INC., Tokyo.

Taishukan Publishing Co., Ltd., Tokyo Japan, 2000

目　次

著者まえがき
訳者まえがき

第1章　チームワークの発達
1　なぜチームワークを発達させるのか ── 2
2　成功経験 ── 4
3　危険をおかすことにともなう意志決定と学習 ── 5
4　子どもの発達に対する体育の役割 ── 6

第2章　チャレンジ運動への導入
1　チャレンジ運動への導入活動 ── 10
2　体つくり運動におけるチームでの導入活動 ── 10
3　チャレンジ運動の組織化 ── 16
4　障害児への適用 ── 20

第3章　初級チャレンジ
1　平均台アルファベット並び ── 26
2　川渡り ── 30
3　ザ．ロック ── 33
4　ヘビ ── 37
5　飛び石渡りⅠ ── 40
6　ムカデ歩き ── 44
7　地球を支えよ ── 47
8　タイヤブリッジ ── 51
9　壁登りⅠ ── 54
10　グレイト・コミュニケーター ── 57
11　警告！建設現場区域 ── 60
12　ボートこぎ ── 63
13　湿原車 ── 66

第4章　中級チャレンジ

- 14　激流に架ける橋 ── 70
- 15　人間掲示板 ── 73
- 16　ジャンピングマシーン ── 76
- 17　流砂越え ── 79
- 18　ジャングルのターザン ── 83
- 19　壁登りⅡ ── 87
- 20　激流渡り ── 90
- 21　島からの脱出 ── 93
- 22　有毒廃棄物輸送 ── 97
- 23　ムカデ歩きⅡ ── 100
- 24　難破船 ── 102
- 25　ボール輸送 ── 105

第5章　上級チャレンジ

- 26　ブラックホール ── 110
- 27　電気網 ── 113
- 28　グランドキャニオン ── 117
- 29　パワーライン ── 121
- 30　飛び石渡りⅡ ── 125
- 31　テーブルをとりまく騎士 ── 129
- 32　グランドキャニオンⅡ ── 132
- 33　クモの巣城 ── 135
- 34　アマゾンに架かる橋 ── 137
- 35　失われた宝石の奪回 ── 139
- 36　ジャングル探検 ── 142

第6章　学習カード ── 147

○コラム　24／65／92

著者まえがき

　私たちの国は,「チームワーク」を理念として成り立っている。チームワークとは,競争を課題にしながらチームのメンバーが協力し合ったり,強い絆で結ばれることを意味する。チームワークのもとで,個々のメンバーは全体の一部として機能し,一層強力な全体を築き上げるために貢献する。社会に存在するいかなるチームであっても,その社会が繁栄し円滑に機能するように,協力的に活動しなければならない。

　1つの組織が目標をもち,成功に向けて走りはじめると,メンバーは結集し,情熱を傾け,興奮が生じてくる。特に成功するチームのメンバーは,集団としての努力の結果に関心をもつため,集団の部分になりきりたいと切望する。しかし,チームは常にその目標を実現できるとは限らない。実際,チームが発展するためには,チームをどのように組織化すべきか,どのように相互に関わればよいのか,どのような計画を立てるべきか,これらを十分理解していなければ,そのチームは壊れてしまう。目標達成に重要なことは,グループの進歩に向けて情熱と関心をもつことである。そのようになれば,たとえチームの目標が達成できなくても,それぞれがチームの一員になることを学ぶなかで,大きな勝利を獲得するものである。チャレンジ運動による仲間づくりの過程を経験すれば,それぞれの生徒は何か達成するにちがいない。ちなみに,本書が示そうとするのは,競争的な活動ではなく,協同的な活動の過程である。

　体育は,特に協力的学習に適していると信じられてきた。これまで体育は,主として体力や運動技能に関心を向けてきたが,体育の焦点となる活動の範囲は広く,社会的,心理的,人格的発達を促進する豊かな活動をもっている。体育教師として私たちは,この幅広いカリキュラムを積極的に利用すべきであり,その利点を生かすべき刺激的な時代を迎えている。体育の分野では,スポーツによるチームワークの価値について常に語られてきたが,スポーツの授業のなかで,すべての生徒がそのような価値を分かち合い,経験してきたとはいい難い。

　私たちは,これまでの取り組みを通して,どのようにすればすべての生徒が目標達成に向けて協力的に活動するチームの一員になることができるのか,その方法について理解するようになった。どのようにすれば,献身的で,情

熱的で，賞賛の言葉を与えたり，受け取ったりできるチームの一員になるのかを理解するようになった。「仲間づくり（Team Building）」というのは，このような理念に対して名づけられた名称である。また，「チャレンジ運動（Physical Challenge）」というのは，仲間づくりの指導に具体的に活用されるプログラムを意味している。「チャレンジ運動による仲間づくり」は，教師やレクリエーションリーダー，コーチ，さらに仲間づくりの可能性をもった活動に携わるすべての指導者のために提供される。

この本に示したチャレンジ運動は，参加者が他の仲間と相互に関わることを要求する。そのため，運動があまり得意でない生徒でも，チームの重要な部分として機能する。チームのメンバーは，チームメイトの言葉に耳を傾けたり，彼らのアイディアを賞賛したり，彼らの取り組みを励ましたりするよう求められる。このような傾聴，賞賛，励ましのスキルは，教師，コーチ，レクリエーションリーダーも同様に発達させるべきである。

この本では36のチャレンジ運動が紹介される。すべてのチャレンジは身体運動を伴うものであるが，それらは，コミュニケーション，意志決定，冒険すること，そして肯定的に関わることに関連した具体的なスキルの発達機会を提供する。それぞれのチャレンジ運動に関わって示される「おこない方」「用具」「場の設定」「解決の方法」の記述を通して，チャレンジの実行のしかたを鮮明に理解することができよう。

チャレンジ運動による仲間づくりは，もちろん生徒たちに個人的な成功の喜びをもたらすが，より重要なことは，仲間で互いに助け合ったり，依存し合ったりしながら「集団的達成」の喜びを生み出すことである。これらのチャレンジ運動は，少し修正を加えるだけで，小学校低学年から高校生にまで適用できる。

私たちは，15年以上にわたって「チャレンジ運動による仲間づくり」を行ってきたが，生徒たちがこの運動への参加を強く望むようになることを見いだしてきた。チャレンジ運動による仲間づくりは，あなたの体育授業への接近のしかたに変化を与えることであろう。まずは，チャレンジ運動を取り入れて実践してみることである。必ず，生徒たちは数々の「集団的達成」を経験するであろうし，自己のイメージを改善させることであろう。

Daniel W. Midura & Donald R. Glover

訳者まえがき

　子ども同士の関わりが稀薄になり，学校という生活の場の中でいかにして豊かな関わりを保障していくのか，重要な教育的課題になっている。とりわけ，多民族社会であるアメリカの学校では，仲間づくりはあらゆる教育の前提として重視されてきたが，近年，仲間づくりを直接の目的とした体育プログラム，「チャレンジ運動」が開発され，大きな関心を呼んでいる。

　学校における仲間づくりは，日本でも焦眉の課題である。地域社会の人間関係の希薄化，少子化，遊びの変質，受験競争等々の影響が重なって，子ども同士の豊かな交流が失われている。学級崩壊，いじめ，登校拒否，残忍な暴力事件など，子どもたちに生じている問題も，そのことと無関係であるとは思えない。新学習指導要領で「体ほぐしの運動」が位置づいたのも，それらの問題に対して体育が積極的に取り組もうとする姿勢の表れである。

　体ほぐしの運動には「体への気づき」「体の調整」「仲間との交流」という3つのねらいが示されているが，訳者はなかでも「仲間との交流」に大きな関心を向けるべきだと考えている。しかし，いまだどのような運動で，どのような方法で指導すべきか，具体的方策が確立しているわけではなく，混乱もみられる。体ほぐしの運動の定着を図るためには，なによりも優れた教材を豊かに提供することや，子どもたちの主体的な学習を保障する方法論の確立が必要である。

　アメリカ生まれの「チャレンジ運動による仲間づくり」の翻訳出版を思い立ったのはこのような理由からである。本書は，D. Glover と D. Midura による「Team Building through Physical Challenges (1992)」および「More Team Building Challenges (1995)」の2冊を1冊にまとめて編集している。合計36のプログラム（教材）とそれぞれのプログラムに関わった「学習の進め方」「学習の場や用具」がビジュアルに解説されている。加えて，そのまま活用できる「学習カード」が各プログラムに対応して提供されている。明日の授業にすぐに生かすことができるようになっている。

　プログラムは初級，中級，上級に分かれているが，学校の施設や用具の実

態，指導対象になる子どもの実態に応じて，どの段階からでも入ることができる。いうまでもなく，小学校から高校までのすべての学年段階で取り扱うことができるが，発達段階に応じてチャレンジの内容を若干難しくしたり，やさしくしたりすべきであろう。

　戦後日本の学校体育は一貫して「人間関係の育成」を大切な目標にしてきたが，そのことを学習内容や方法としてどこまで具体化しようとしてきたのか，改めて反省する必要がある。単なる理念として語り，結果として期待するばかりではなかったのか。そのような意味で，チャレンジ運動は革命的である。肯定的な人間関係の育成という目的に向けて学習内容，教材，学習方法が統合されており，大きな学習成果が期待できる。

　私たちは，今回の翻訳出版に先立って，このチャレンジ運動が本当に子どもたちに受け入れられ，仲間づくりに効力を発揮するかどうか，すでにいくつかの学校で実践し検証を試みている。6時間の単元を構成し，それぞれの時間に異なったチャレンジ運動を実施し，それらの活動による成果を，仲間関係の態度の変容から分析したが，想像をはるかに超えて大きな威力を発揮することがわかった。私たちは，この「チャレンジ運動による仲間づくり」を自信をもって推奨することができる。

2000年8月

監訳者　筑波大学教授　　高橋健夫

チームワークの発達

第1章

誰が名声を得るなんて気にしなけりゃ、驚くほど多くのことが成し遂げられるよ。

ブラントン・コリアー　前NFLコーチ

協力とチームワーク：それは現在と未来に求められるスキルだ。

なぜチームワークを発達させるのか

あなたは優勝したチームに所属した経験があるだろうか。おそらく，ある人は，伝統のあるバスケットチームに所属し，大きな大会で優勝した経験をもっていることだろう。ある人は，勤務する商社で大きな商談を取り決めた経験をもっていることだろう。また，ある人はハイキンググループに所属し，困難を克服して目的地に到達したことがあるのではないだろうか。そのような成功経験をもっていれば，もう一度同じような経験をもちたいと思うことだろう。勝利の感覚は，あなたの自信を大いに高めたにちがいない。私たちのだれもが，そのような達成感を繰り返し味わいたいと思うものである。

［1］肯定的な自己概念をつくりあげる

成功はさまざまな要因によってもたらされるが，その中心的要因は自己概念（self-concept）である。自己概念は，他の人たちが自分をどのように受けとめるか，自分の努力に対してどのように反応するかということによって発達する。社会性が健全な形で育っていて，しかも他の人からの肯定的な反応を受け取ることができれば，それは自己概念を高めるよい機会になるだろう。

図1　目標達成に向けて共同活動をすることは，グループのメンバー1人ひとりに興奮と成功の感覚をもたらす。

本書が提供するチャレンジ運動によって成功経験が得られれば，自己概念は一層高まっていくに違いない。しだいに難しい課題に挑戦し，成功し，自信をもつことができれば，自分自身や自分の能力に対して満足感が得られるだろう。私たちは肯定的な自己概念をもつことで，失敗に打ち克つことができるし，結果として成功を勝ち取ることができる。肯定的な自己概念は，何かにトライしようとする勇気を与えてくれる。

　チャレンジ運動は，個人や集団に対して自信を培う活動を提供する。1人のメンバーの努力が集団の目標達成に寄与するとき，そのメンバーは勝利チームに不可欠な人物として受け入れられる。成功したチームに所属しているという気持ちが育っていくと，個々のメンバーは受動的な傍観者ではなく，能動的な役割を積極的に果たすようになる。

　チャレンジ運動による仲間づくりは，競技スポーツにありがちな失敗者を生み出すことなく，全員に成功経験をもたらす。真の協力的な取り組みが生まれると，勝利自体は単なる副産物に過ぎなくなってしまう。そのことを生徒たちは身をもって学習するだろう。

[2] 異なった役割を学習する

　集団で共同活動をするとき，必ずリーダーとフォローアーができてしまうものであるが，チャレンジ運動においては，チーム全員が不可欠な役割を担う。通常の体育授業で大きな成功経験を得たことのある生徒は，チャレンジ運動では，あまりなじみのない役割を果たしているように感じるかもしれない。おそらくチームメイトに依存しているように感じることだろう。逆に，体育授業であまり成功経験を味わうことができなかった生徒は，これまでにない新鮮な動機をもつことができ，さまざまな次元で達成経験を得ることになるだろう。これまで技能的にあまりうまくないと決め込んできた生徒がグループのリーダーになるかもしれないし，グループのなかで新しいステータスを楽しむかもしれない。ともあれ，チャレンジ運動では，それぞれのメンバーが新しい役割と経験に遭遇することであろう。

[3] チームのコミュニケーションを発達させる

　生徒たちは，集団の協力と承認が集団の成功をもたらし，逆に，非協力が集団を

分断させ，成功をもたらすうえでマイナスであることを学ぶだろう。チャレンジ運動がうまく機能するには，すべての者が心と体を没入して活動に参加する必要がある。

　チャレンジ運動への参加者は，すぐに体育館に新しい雰囲気を感じ取ることであろう。チームメイトは互いに励まし合うことを学ぶであろうし，自分たちの成功がチームのコミュニケーションのもち方にかかっていることを理解するようになる。集団が大きくなればなるほど，よりはっきりと話しかけたり，耳を傾けたりして，確実に情報を伝える必要があることを理解するであろう。

　仲間をほめることは，学習し，強化すべきスキルである。同様に，チームメイトから賞賛を受け取ることも学ぶべきである。互いに賞賛を交換することによって，仲間づくりのスキルが発達する。同時に，それは，チームへの献身や仲間への信頼感を育て，チームの勝利に向けて活力を与える。

　チャレンジ運動でチームが協力するときには，すべてのメンバーがチームメイトを信頼し，仲間の考えに耳を傾けることが大切である。当然ながら，ある者のアイディアが採用され，ある者のアイディアは受け入れられないであろうし，またある者のアイディアはテストされることになるだろう。

　チャレンジ運動に共同して取り組むなかで，生徒たちは「意見の不一致」「推察」「考え方の転換」「テンションを落とすこと」などを学ぶ。本書で紹介するチャレンジ運動はまさにこのような経験を生徒たちに提供する。生徒たちに，集団の一員になることや，善良な市民になることの意義を教えることは，彼らの自己概念を向上させるであろうし，同時に，彼らにさまざまな成功経験を獲得させることにもなろう。

2 成功経験

　チャレンジ運動の成功経験は，タッチダウンやゴールキックと同じ意味をもつものではない。ここでの成功経験は，アイディアを提示することであったり，仲間の意見に耳を傾けたりすることを意味する。私たちは，グループの方針に影響を与え

ることができたとき，心地よさを感じるものである。すべての生徒は，体育授業のなかでグループの一員としての所属感をもつことができるような，肯定的な人間関係を確立する機会を必要としている。このような成功経験は，体育でも，スポーツでも広く味わわせたいものである。体育やスポーツでは，往々にして才能をもった一部の者だけが「達成した」と自覚できる成功経験を獲得するが，チャレンジ運動では，参加するすべての者が「成功」という報酬を得る。

　最後に，もっとも重要な成功経験の1つは「楽しさ」であり，だれもが楽しさを味わう権利をもっている。生徒はプレイを通して楽しさを味わうべきであり，授業後は笑顔で体育館を去るべきである。さらに，もっと多くの楽しさを求めて，早く体育館に帰ってきたいと思うようになってほしいものである。

3 危険をおかすことにともなう意志決定と学習

　チームのメンバーが打ち解け，自信をもつようになると，特定のメンバーの意志決定に委ねるのではなく，集団的な意志決定が行われるようになる。チームのメンバーによって適切に意志決定が行われるようになると，個人あるいはチームの自信が育ち，それとともに知的，身体的，あるいは情緒的な冒険を試してみたいという願望が芽生えてくる。一般に教師，管理者，親たちは，子どもたちの成果に悪影響をおよぼすような意志決定を嫌うものである。もっといえば，子どもたちが危険をおかすことが無いように防御しようとする。もちろん，私たちも彼らに失敗させたいわけではない。しかし，危険に挑戦した者や意志決定を行った者が常に成功するとは限らないし，ときには失敗も必要なことである。私たちが適切な環境を準備していれば，失敗は成功につながる道程になる。危険に挑戦したり，意志決定したり，成功したり，ときどき失敗したりするような意志決定チームとして活動させるなら，子どもたちは成功裡な生活に必要な身体的・社会的・心理的スキルを獲得することであろう。チャレンジ運動にともなう考え方，スキル，そして力動的な活動は，グループのなかで意志決定したり，協調的に活動したりすることに自信をもつ成人の育成に大きく貢献すると考える。

人びとが体育について考えるとき，常に体力や技能発達を問題にする。もちろん私たちも，体力や技能を高めることの価値に同意する。しかし，仲間づくりのスキルは，体力や技能目標を達成するうえで有益な肯定的雰囲気をつくりだす。というのも，生徒たちはチャレンジ運動による仲間づくりを通して，彼らの技能レベルにかかわらず自信を高めるようになるからである。肯定的な人間関係スキルを発達させるにつれて，体育授業はすべての生徒にとって一層大きな活力を生み出す環境になる。

　チャレンジ運動は，「学年はじめの活動」として，また，単元と単元の間の「エキストラ単元」として，さらに，1学期間の学習活動を最高の雰囲気に盛り上げるための「学期はじめの活動」として位置づけることができる。あなたがどんなニーズにもとづいてチャレンジ運動を利用するかどうかは別にして，是非ともカリキュラムのなかにこの運動を位置づけていただきたい。実りのあるチャレンジ運動に，あなたは大きな満足を見いだすに違いない。

4　子どもの発達に対する体育の役割

　今後の教育改革において，体育も他教科と同様に説明責任（アカウンタビリティ）が求められる。改革者は体育を価値のある教科としてとらえるであろうか。私たちは，「仲間づくり」やそれに関連した諸概念を取り込むことによって，より広範な人たちに体育を一層有意義なものとして認識させることができると考える。チャレンジ運動による仲間づくりを通して子どもたち個々人が集団に貢献するようになり，また，その貢献に対して集団から肯定的な承認を得るようになる。

　肯定的な承認を受け取った子どもたちは一層大きな自信をもつようになり，さらに，大きな自信が発達するにつれて，自分の能力に対する信念が強化される。子どもたちはさまざまな努力や試みのなかで多くのことを達成するであろうし，よりうまく遂行できるようになろう。子どもたちが厳しい活動を通して承認の喜びや仲間を幸福にする喜びを味わえば，繰り返しそのような感情体験を求めるようになるだろう。また，社会的な人間関係を円滑に営むことができるようになるだろう。チャ

レンジ運動が好きになれば，彼らはそのことを周囲の人に分からせようとするであろう。グループの進歩に貢献したり，肯定的な承認を得ることが重要であると分かれば，彼らはそのことを話題にするであろう。そのようになれば，体育は，親や他教科の教師の目に一層光沢を放つ教科として受けとめられるようになるにちがいない。

　他方，このようなチャレンジ運動が盛んになれば，人びとは体育教師に対して「あなた方は子どもたちの体力向上のために何を行っているのですか」と尋ねるかもしれない。アメリカの若者たちの体力低下の現状を考慮すれば，そのような要求は当然のことであり，重要な意味をもっている。しかし，チャレンジ運動は，そのような疑問に対しても正当に答えることができる。すなわち，生徒たちを成功裡なチームの一員に加えることによって，また，受動的な役割から双方向的役割へと転換させることによって，否定的な体育のイメージを肯定的なイメージに変えることができる。

　また，チャレンジ運動の課題を克服したり，チームメイトから肯定的なフィードバックを受け取ったりすることは，一層難しい課題に挑戦したり，意志決定したり，危険を冒したりするうえでの自信を築き上げる。また，子どもたちが自分自身に対して，またチームメイトに対して居心地のよさを感じるような雰囲気のなかで自信を高めることができるので，体力や技能目標に対してもより積極的に取り組むようになる。

　チャレンジ運動が誤った自信を生みだすなどと考えないでいただきたい。子どもたちは，何かの課題が与えられ，何かが獲得されたときに納得するものである。私たちのだれもが知っているように，何かが獲得されたとき，その成果の所有権に大きな誇りをもつものである。チャレンジ運動に参加する者が1つのチャレンジを完全にやり遂げるまで，次の課題を与えるべきでない。失敗や苦闘を経験させるべきである。つまずきと解決を経験させるべきである。チャレンジ運動への参加者は，難しいと感じる挑戦課題に精一杯取り組み，それを達成したときに進歩するのである。

　体育教師は，技能発達以外の領域に対しても責任を引き受けるべきであり，特に思考のスキルや社会的責任の発達に寄与すべきである。そうすることによって，体育は他の知的教科と等しく尊敬される地位を勝ち取らなければならない。チャレン

ジ運動による仲間づくりは，体育への承認と敬意を高めることができる。体育はチャレンジ運動による仲間づくりを通してこの領域の教育的課題に対してリーダーシップをとることができると考える。それは未来に向けた体育のストラテジーである。

第2章 チャレンジ運動への導入

> 私が考えることは、もっぱら私たちのチームのことだ。
>
> ジム・ゾーン 前NFLのクォーターバック

グループの支援が課題を容易にする。

1 チャレンジ運動への導入活動

　生徒たちにチャレンジ運動の考え方を紹介する前に，まず「チームワーク」について話し合うことを提案したい。「チームワークとは何か」「どうすればよいチームが生まれるのか」，生徒たちに問いかけてみるとよい。きっと生徒のだれかが「チームワークをよくするには，ほめることが大切です」と語るだろう。ほめられた人は自信を高める。またチームメイトをほめることを学べば，チームのなかによい感情が生まれる。このことを生徒たちに語りかけるべきである。なぜそのように語りかけるべきか。当然のことながら，自信をもったチームメイトは一所懸命努力し，役割を果たすようになるからである。

　13ページと14ページに示した賞賛のことばを見ていただきたい。これをコピーして生徒個々人に与え，みんなで一緒に読ませるとよい。もっと別の賞賛のことばが思いつくか尋ねてみるのもよい。これらのことばを使って生徒たちにほめる練習を行わせてみよう。以下では，チームワークの導入活動を紹介する。

2 体つくり運動におけるチームでの導入活動

　クラスを6から8のチームに分ける。そして，各チームのオーガナイザーの生徒1名を選ぶ。すべての生徒にチャンスを与えるために，オーガナイザーを毎日交代させる。合図でオーガナイザーは指導者のもとに集合し，運動メニューが書かれたカードを受け取る。すべてのチームはカードの順に運動を行う。あるいは，すべてのチームが同じ順番で運動しないよう，チームによって運動の順番を変えるのもよい方法である。ここでは，チームが協力して実施する運動例を示しておく。
○腕と足の開閉ジャンプ20回
○腕立て伏せ10回
○体育館の反対側のサイドラインへタッチ10回

○上体起こし10回
○なわ跳び20回
○指導者と"ハイタッチ"1回
○側方倒立回転10回
○腕立て片足旋回5回
○チームで体育館1周走
○カードに示された一連の運動を終えたところで，チームのすべてのメンバーに対して1回のハイタッチと1つの賞賛のことばを贈る。

　チームがこの導入活動を行うときに適用する，いくつかのルールがある。
1．チームが次の運動に移るには，すべてのメンバーが課題を終えるまで待っていなければならない。
2．チームが次の運動に移ることができる状態になれば，オーガナイザーが合図を送る。
3．チームのメンバーは，次にどの運動を行うかを決定するために集合して話し合う。話し合いはチームのメンバーに凝集性の感覚を生み出す（ただし，指導者が運動の順序を決定しなかった場合にのみ話し合いがもたれる）。
4．すべてのメンバーは，他のチームメイトに対して，また自分のチームに対して少なくとも1つのほめことばを贈らなければならない。
5．チームメイトを姓で呼んではいけない（名前で呼ぶ）。

賞賛のことば　「賞賛」と「励まし」は，所属チームに対してよい感情をもつことができる2つの方法である。13ページに72通りの賞賛のことばを例示している。このリストをコピーして生徒に配り，一緒に読ませるようにしよう。

［1］バリエーション

　チームでの体つくり運動に関わっていくつかのバリエーションがある。たとえば時間的制限を与えることである。「あなたのチームは運動カードを10分で完成させることができますか」という時間制限を設けて挑戦させることができる。運動カードの内容（課題）を一層難しくすることもできる。また，リレー形式で運動を行わせることもできる。すなわち，各チームはどの運動をだれが行うのかを決定する。

そして，1人ないし2人のメンバーが最初の運動を行い，2番目の生徒にタッチする。すべての運動が完全に終わるまでつづける。「運動カードリレー」は楽しい競争であるとともに，協力や体力つくりという面からみてもよい運動である。リレーには，この他にも楽しいバリエーションがある。最初のメンバーが体育館の反対側に置かれたカードの山のところへ走っていく。その生徒はカードを読み覚え，カードを教師に渡す。生徒はチームに走って戻り，文字や数字を使わず，また会話をせずに，運動の絵を描いて（あるいは実際にパフォーマンスしてみせて）伝える。チームがその運動を推察したあとで，絵を描いた者がその運動に関わってチームをリードする。チームのすべての者がその運動をやり遂げるまでリレーが継続される。

　このようなバリエーションの運動が行われるときにもルールが適用される。すなわち，賞賛のことばを用いること，姓で呼ばないことである。最善の指導法は，教師が手本を見せることである。教師がハイタッチや背中を叩くといった行動で生徒を励ませば，生徒たちも同じ行動でチームメイトと関わるようになるであろう。

［2］ゲームづくりの導入活動

　ゲームづくりの活動も，チャレンジ運動をはじめる前の導入活動である。自分たちで協力してつくりあげたスキルを一層洗練させることによって，チーム内の交流を図る。この段階では，活動でのつまずきや否定的なプレッシャーが生じるかも知れないが，生徒たちは失敗から学ぶことができる。それぞれが，1個のボール，3本のコーン，2本のボーリングのピン，1本のロープ，そしていくつかの室内用のベースといった用具が置かれた狭いサークルの中に入って座る。必要なら別の用具を加えてもよい。創造的に考えればよい。各チームに体育館の別々の領域が与えられ，それぞれの場に置かれた用具を用いてゲームや活動をつくり出す。

　教師は，生徒たちの活動過程での相互作用や創造性に注目して観察する必要がある。グループ活動が次第に広がっていく様子を観察せよ。観察するときに，最終的な成果よりもそこでの集団プロセスにより大きな関心を向けるべきである。各チームがゲームをつくり出し，その練習を行うために15分間程度の時間を与える。練習のあと，各チームはそれぞれの活動を他のチームに発表する。そこで，あなたが観察した相互作用の様子をそれぞれのグループに語りかけるようにする。つづいて，生徒たちに「何に注意したか」を尋ねてみよう。また，協力的に活動していたグル

1．いいぞ。
2．素晴らしい。
3．うまくやった。
4．やったー。
5．すごい。
6．それ以上のことは自分にはできない。
7．うまくやってるぞ。
8．君は本当に上達している。
9．そうだ！結果を出した。
10．とびきりだ。
11．信じられない。
12．グッド・ワーク。
13．速くできたね。
14．成し遂げたと思うよ。
15．驚きだ！
16．今日は実によくやった。
17．パーフェクト！
18．うまくいってる。
19．君，決まったよ。
20．ウァオー。
21．ワンダフル！
22．日に日によくなってる。
23．物覚えが速いね。
24．簡単にやっつけたね。
25．スーパー！
26．今日はじつにたくさんの仕事をやったね。
27．その調子だ！
28．おめでとう。
29．完璧だ！
30．ナイス・ジョブ！
31．エクセレント！
32．センセーショナル！
33．完全にマスターしたね。
34．そいつは本当にいいよ。
35．これまでの最高だ。
36．たいしたもんだ。
37．進むべき方向だ。
38．それがやり方というもんだ。
39．まさに進歩だ。
40．いい考え方だ。
41．ゴールに向かっているよ。
42．その調子でつづけるんだ。
43．ベターだ。
44．的を得ているよ。
45．君は失敗しなかった。
46．ファンタスティック！
47．いい仕事してるよ。
48．正しいやり方だ。
49．いい試みだ。
50．正しい。
51．これまで君がやった中で最高だ。
52．正解。
53．君は練習してきたに違いない。
54．グレイト！
55．その調子でつづけろ。もっとよくなるよ。
56．君，思い出したな。
57．そいつは私を喜ばせるよ。
58．今日は本当によく働いたね。
59．君がやったことを知ってるよ。
60．もう一度やれば，きっとできるよ。
61．ファイン。
62．そいつはいい。
63．グッド・ジョブ。
64．君は本当に楽しくしてくれたよ。
65．いうことなし。
66．君の勢いをだれも止めることはできないよ。
67．この前より随分うまくやってるよ。
68．トライしつづけろ。
69．君は本当に多くのことを学んだね。
70．君はやってのけた。
71．それほどうまくやった人は他に知らない。
72．君は大変うまいよ。

このほかにもっと賞賛のことばを思いつけば，下にあげてみよう。
73．
74．
75．
⋮

ープや，互いのアイディアに耳を傾けていたグループを取りあげて評価しよう。あなたが観察した否定的なプレッシャーを書きとめて指摘し，そのような行動がどのような影響をもたらすか，生徒たちに話し合わせるとよい。

①肯定的な形容詞を用いた賞賛活動

　ゲームづくりの活動のあとで，各グループを半円状に座らせ，各メンバーに肯定的な形容詞が示されたリストを提示しなさい。そのリストは，他のチームメンバーの個人的な特徴を描写するために用いるものである。そのような肯定的な形容詞の例は以下のようである。

〈例〉　親切な　知的な　遠慮深い　自立的な　きちんとした　洗練された　情熱的な　ユーモアのある　強い　フレンドリーな　世話好きな　楽しい　静かな　エネルギッシュな　積極的な　愉快な　かっこいい　組織的な　思慮深い　穏やかな　内気な　勇敢な　断固とした　自信に満ちた　幸福な　誠実な　説得力のある　大胆な　活発な　聡明な　満足を与える　朗らかな　陽気な　独創的な　賢明な　冷静な　礼儀正しい　想像的な　創造的な　客観的な

　すべての者がこれらの形容詞の意味を理解しているかどうか尋ねてみよ。各チームのメンバーは1人ひとり順番に，サークルの前方に移動し，図1のように，チームメイトと対面して座る。

　それぞれのチームメイトは，前方に座ったチームメイトの特性を描写するために3つの肯定的な形容詞を選択する。話す者は中央にいる人を見つめるようにして，まずその人の名前を呼び，つづいて形容詞をあげる。たとえば「クリス，あなたは聡明で，親切で，ハッピーな人だよ」。このようなことばを使うと，はじめのうちはくすくす笑う者がでるかもしれない。しかし，生徒たちはやがて「自分に対して何かよいことをいってくれているのを楽しんで聞いている」ことに気づきはじめる。このような練習は，個々のチームメイトに対して他人をほめたり，ほめられたりす

図1　肯定的な形容詞を使ってみよう

る機会を与える。

「肯定的な形容詞」のコンセプトは，仲間づくりのスキルということであるが，私たちは，各グループがこのスキルを習得することを望んでいる。また，この最初の仲間づくりのチャレンジが終了したときには，各グループのまとまりが一層強化されていることを望んでいる。グループが仲間づくりのスキルを身につけていれば，この活動は必修活動から除外することができる。

②否定的なプレッシャーと非難

　チームの導入活動は，生徒が賞賛を与えたり，名前で呼んだり，仲間を肯定的に描写したりする練習である。理想的には，生徒たちがチャレンジ運動を開始する段階では，これらのスキルを十分発達させているべきである。

　生徒たちは否定的なプレッシャーについても理解すべきである。また，否定的なプレッシャーと非難との違いについても知っておくべきである。否定的なプレッシャーは言語的表現であるとは限らない。眉をひそめたり，苛立つ表情はそうしたメッセージを伝える。そのような行為は，ある者がパフォーマンスしているときにプレッシャーを与えるものである。たとえば，だれかがあなたに向かって「カモン・ポール！僕たち全員やってのけたよ。あとは君だけだ。僕たちは君のできるのを待っているんだ」と言ったとすれば，あなたはどのように感じるだろうか。おそらく，あなたはそのチャレンジを達成しようと努めるであろうが，課題達成以上に，あなたのチームメイトが自分をどのように見ているかということに気を遣うことになろう。もし失敗すれば，あなたは恐怖すら感じることであろう。

　何を話すかということと同様に，どのように話すかということが重要な意味をもっている。このことを生徒たちに伝える必要がある。生徒たちが信じていたことが，ときとして否定的なプレッシャーになることを事例をあげて伝える必要がある。また，肯定的な励ましが，否定的なプレッシャー以上によりよく仕事を達成させるということを理解させるべきである。

　一方，非難とは「ヘイ！シェリー，僕たちは君がチームに貢献するなんて期待していないよ。君はどうせできはしないさ」といった調子で話すことで，相手に悪い感情を与えることである。そのような非難はシェリーを幸福な気持ちにさせないばかりか，話した者にとっても気分をよくさせるものではない。すべてのチームメイトが自分のチームに対して肯定的な感情をもつ必要がある。非難したり，否定的な

プレッシャーを与えることは，チームを傷つけることがあっても，決して役に立つことはない。

3 チャレンジ運動の組織化

　チャレンジ運動をはじめる前に，クラスを6から10のグループに分ける。そして，それぞれのグループに独自な名前をつけさせる。できるだけ肯定的な名前をつけた方がよい。できれば「アインシュタイン」「歩く辞書」「雄大な心」といった名前がよい。この時点から，生徒たちはグループの名前で相互作用を営み，コミュニケートし，和合する。

[1] 生徒の責任

　各チームは，「オーガナイザー」「賞賛者」「激励者」「まとめ役」「記録者」といった役割をそれぞれのメンバーに割り当てる。これらの割り当てはそれぞれのチャレンジ運動ごとにもちまわる。

①オーガナイザー

　チャレンジ運動がはじまると，オーガナイザーは2枚のカードを受け取る。1枚はオーガナイザーカード，もう1枚はチャレンジの内容を示したチャレンジカードである。このカードがそれぞれのチャレンジ運動の核になる。というのも，それがグループのメンバーの唯一の情報源になるからである。チャレンジを開始する前にオーガナイザーにカードのコピーが与えられる（このカードは巻末に資料として掲載している）。

　チャレンジカードには，利用する用具，チャレンジの課題，ルールと違反行為に対する罰則が示されている。罰則とは，ルールを破ったときのペナルティーである。たとえば，適切にチャレンジを解決できた者でも，チームの他のメンバーがルールを破った場合には，はじめからやり直さなければならない。あるいはチーム全体ではじめからやり直さなければならない。

　オーガナイザーカードには，チャレンジの課題をチームメンバーにしっかり理解

させることをねらいにした質問が書かれている。すべての質問項目に正しく答えられるまで，チームはチャレンジを開始することはできない。チームが質問に正しく答えたあとで，チャレンジがはじまる。指導者は，オーガナイザーカードに示されたルールを厳守するように要求する。

チームはチャレンジの解決に向けて努力する。グループが難題にぶつかった場合には，オーガナイザーは指導者に解決策を求めることができる。しかし，多すぎる援助は，チャレンジ運動本来の目的を壊してしまうので注意する必要がある。手助けする前に，何とかチームが独力で解決するように励ますことが肝要である。

②賞賛者

グループのメンバー全員が賞賛のことばを用いることが期待される。しかし，賞賛者は，チャレンジが終わったあとではっきりと指摘できるような「賞賛すべき具体的な行為」をあげて説明することが求められる。

③激励者

激励者は，仲間の努力に承認を与える。多くの場合，この役割は賞賛者のそれとオーバーラップする。激励者はチームメイトが挑戦している間，肯定的な励ましのことばを用いるようにしなければならない。激励者の仕事は，課題の全過程を通じて行われる。チームの全員が激励されたいと思っていることを再度強調しておきたい。

④まとめ役

各チャレンジのあとに，チームがどのようにチャレンジを解決したのか，チームにとって何が楽しかったか，何が難しかったか，どのような課題に取り組んだのか，これらを文章にまとめて指導者に報告する。すべてのチームが1つのチャレンジを完成させたあとで，まとめ役は自分のチームがそのチャレンジをどのように解決したのか，クラス全員に紹介する。まとめ役はチームレポートカードを携帯することになる（1つの例が巻末に資料として示してあるので，コピーして利用するとよい）。

⑤記録者

記録者は，チャレンジしている間に用いられたクラスの賞賛や励ましを記録する。

[2] 指導者の責任

　指導者は，チャレンジに対して安易に課題解決に携わらないようにすべきである。各チームを支援するというのは大変魅惑的なことだが，チームのそれぞれのメンバーは，困難にぶつかったときどのように機能すべきか，学ぶ必要がある。彼らに苦闘させよう。オーガナイザーからの支援の要求に応える前に，あえて彼らに失敗を経験させよう。

　用具をセットするときには，安全に十分配慮する必要がある。そこではマットの敷き方も問題になる。本書に示した写真を見て研究していただきたい。マットをどこに設置すればよいかが理解できよう。また，悪ふざけは大きな危険をもたらすので，厳しく指導すべきである。

　いうまでもなく，指導者も生徒と同様によい観察者，激励者，賞賛者でなければならない。あらゆる面で，否定的なプレッシャーを排除する必要がある。

　チャレンジに対するルールと罰則は常に準備しておくべきで，必要な場合にはためらわず執行すべきである。指導者は大いに創造的であってほしい。チャレンジ運動を説明する際に，常にオーガナイザーカードに拘束される必要はない。あなたのイマジネーションを積極的に生かすとよい。たとえば，グランドキャニオン（117ページ）のチャレンジで，もし時間制限を設定しようとするなら，次のように伝えることができる。「オーケー！雄大な心チーム，君たちの課題は，嵐が来る前に，15分で全員が断崖から断崖へ渡りきることだ。あなたのチームはこの断崖で立ち往生する。そして1人が負傷する。君たちのチームが向こう側の断崖にたどり着き，山を下りる唯一の方法は，このつるで峡谷を渡ることだ」。このほか，水中にワニを置いたり，異なった危険をもたらす嵐を設定するなど，チャレンジを一層おもしろくするような課題を恐れずに与えてみよう。

[3] 年間の計画

　先に述べたように，さまざまな方法でチャレンジ運動をカリキュラムに位置づけることができる。2～3のチャレンジ運動を学年のはじめに与えるなら，肯定的なクラスの雰囲気をあとの単元にもち込むことができる。そのような成果は私たちが実際体験してきたことである。さらに秋の屋外で行う単元のあとで，2～3のチャレンジ運動を位置づけるようにしてきた。また，これまでの経験でいうと，室内で

の活動が2，3ヶ月つづくと，生徒たちは再びチャレンジ運動を行いたいと熱望した。あなたたちは，チャレンジ運動で学んだ協力やチームワークが正規のカリキュラムに生かされていくことに気づくであろう。

　チャレンジ運動を提供するもう1つの方法は，まとまった単元を設定することである。1週間あるいは2週間の期間を設定し，そこでできるだけ多くのチャレンジ運動を盛り込むようにする。

　ともあれ，チャレンジ運動が生徒にとって大変人気のある活動になることを，あなたはすぐに気づくことであろう。

[4] 授業の組織

　ここでは，チャレンジ運動の2つの方法を示す。1つは，すべてのグループに1つのチャレンジを与える方法である。もう1つは，いくつかのチャレンジ運動を設定し，各チームにローテーションさせる方法である。2番目の方法を選択すれば，用具を十分確保しなければならない。

　クラスが3ないし4のグループに分けられていて，体育館に5ないし6のチャレンジ場面が設定されていれば，次のグループがすぐに次のチャレンジに取り組むことができよう。

　この章のはじめで述べたチャレンジ運動の導入活動を行うために，2時間以上かける必要はない。チャレンジ運動の導入活動は，賞賛のことばや肯定的な形容詞を用いるためのものであり，もっといえば，1つのチームとして機能するためにデザインされたものである。ゲームづくり（12ページ）やチャレンジ運動の導入活動を行ったあとで，授業は次のような活動で構成される。

○チームの配置と役割分担　　　　　　　　　　　　　　　　2分間
○チームの導入活動あるいは別の準備運動（もし必要なら）　　5〜8分間
○チャレンジ運動　　　　　　　　　　　　　　　　　　　15〜20分間
○肯定的形容詞の活用あるいはまとめ役の活動（もし必要なら）　3分間

　この時間内でチャレンジ運動を終えることができないチームがでた場合には，次の授業時間にもう一度トライさせよう。ときには，1つのチャレンジ運動を解決するのに3時間もかかるチームがあるかもしれない。

［5］体育館の場の設定

　私たちは体育館の場の設定のしかたを図解するために，21ページに6つのチャレンジ運動の例を示した。
○流砂越え（79ページ）
○跳び石渡りⅠ（40ページ）
○グランドキャニオン（117ページ）
○平均台アルファベット並び（26ページ）
○川渡り（30ページ）
○タイヤブリッジ（51ページ）

　これらのチャレンジ運動は，導入的なやさしいものから難しいものまで広範囲にわたっている。図2から分かるように，6つのチャレンジの場は体育館のまわりに十分なスペースをもって配置される。チームは1つのチャレンジを終了したあと，空いたステーションを巡回していく。

　これら6つのチャレンジは，平均24から32人のクラス人数で，1チーム6～10人の活動である。各授業時間に用具を移動させずにすべてのチームが巡回できるようにするには，1週間，用具を自由に使わせるようにすべきである。すべてのグループが1つのチャレンジ運動をマスターすれば，ただちに新しい課題に移動する。

　チームが共同して活動するようになれば，それぞれのチャレンジのあとには肯定的な形容詞を適用する必要はなくなる。実際的には，少なくとも1週間，グループを共同させることができればベストである。そうすれば，彼らは親密なチームメイトとともに仲間づくりのスキルを発達させることができる。しかし，まだチームメイトの関わり方を変化させる必要があると感じている場合には，それぞれのチャレンジのあとに肯定的な形容詞の活動を位置づけるべきである。

4 障害児への適用

　近年，身体的・精神的な障害をもった子どもたちも，一般の体育授業に参加さ

4. 障害児への適用　21

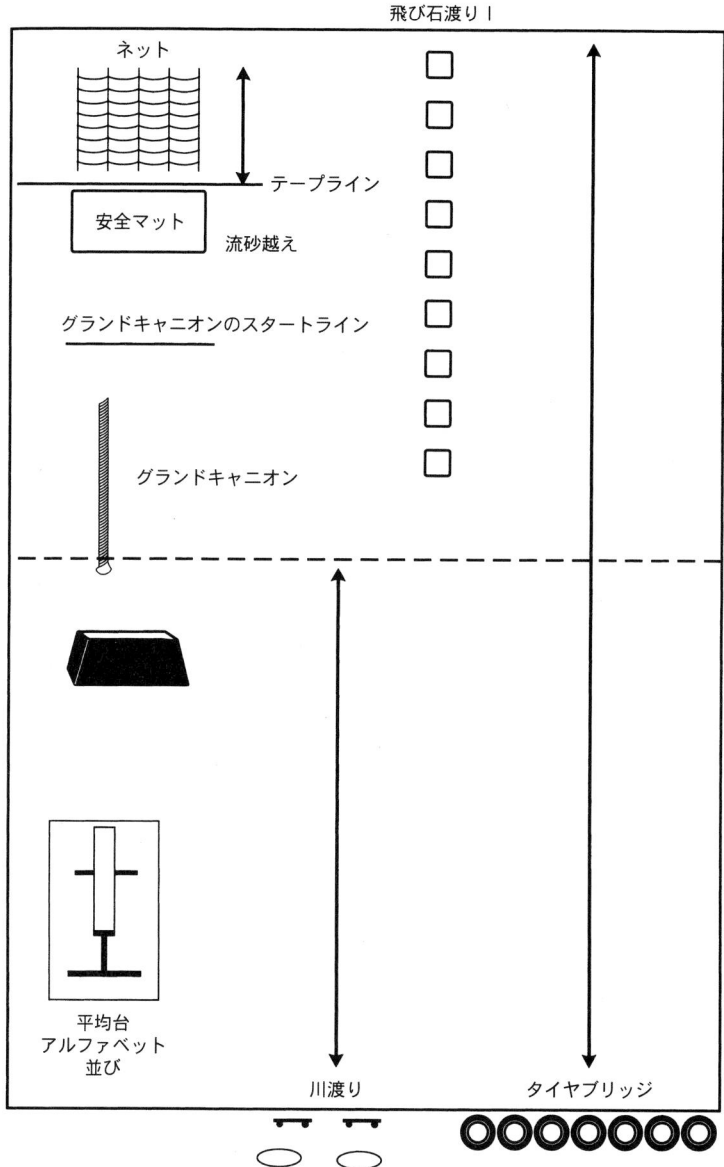

図2　ステーションサーキットの例

せようという考え方が広く受け入れられるようになっている。チャレンジ運動は，これらの生徒たちを集団活動に参加させる優れた方法である。このような特殊な要求をもった子どもたちがチャレンジ運動を達成したときどのように感じるか，想像したことがあるだろうか。

　障害をもった子どもたちがすべての課題を達成するわけではない。このような良識ある判断と理解をもつことは大切なことである。できる限り特殊な生徒を一緒に参加させるとよい。ただし，空いている領域を使ったり，距離を短くしたり，チームメンバーから支援を行わせるなど，それぞれの課題をやさしく修正する必要がある。障害をもった生徒にも格闘させるべきであり，課題解決のためにチームとともに活動させるべきである。もちろん失敗も経験させる必要がある。グループの中に特殊な要求をもった子どもを含めることによって，より一層チームワークの授業に対する意識を高めることができる。

①つまずきを解決する

　大人と同様に，子どもたちも人格的なつまずきをもっている。ある者は攻撃的で横暴である。また，ある者は定期的に入浴しないかも知れない。さらに，ある者はカウンセリングが必要であるかも知れない。しかし，チャレンジ運動の期間中は，人格的なつまずきが緩和されることを私たちは見いだしてきた。ただし，あなたは，仲間づくりの専門家として，子どもたちがいじめ合ったり，からかったりすることのないよう最大限の注意を払う必要がある。

②教師，汝自身を準備せよ

　実際に適用するチャレンジ運動の概要を知るには，巻末に示した資料の中の「教師の準備カード」を利用するとよい。それは，体育館や他の活動の場で活用できるマニュアルとして役立つであろう。

③安全第一

　それぞれのチャレンジの中で記述した安全のための留意点を読み直していただきたい。くわえて，あなたが指導する集団の具体的特性に対応して，体育館の安全尺度を作成するとよい。

④さあ！はじめてみよう

　チャレンジ運動を開始する準備は整った。まず簡単なチャレンジからはじめ，仲間づくりが強化されるにしたがって上級のチャレンジに進んでいくようにしよう。

私たちは，指導者であるあなた自身がチャレンジ運動を楽しむことを望んでいる。生徒たちがチャレンジ運動を心から愛し，この運動を待ち望むようになることを，私たちは知っている。臆せず挑戦していただきたい。

　開始する前に，いくつかの重要なコンセプトを思いだして欲しい。

1．安全第一。あなたが体育館のフロアーを自由な領域にしたければ，マットを敷くことである。イマジネーションは重要であるが，それが常識を覆すようであってはいけない。もしチャレンジが安全でないと思うなら，それを行わないか，より安全にするかのいずれかである。

2．高さ，距離，障害物，そして困難度は生徒の発達段階に合わせて調整する必要がある。

3．あなたは肯定的で，情熱的で，促進的でなければならない。生徒たちを平等に指導すべきである。チャレンジのあとに賞賛のことばや肯定的形容詞を用いる必要があることを，常に生徒たちに思い起こさせるべきである。

コラム1

―チャレンジ運動は本当に仲間づくりに有効か―

チャレンジ運動が仲間づくりに有効かどうか，授業研究を通して検証する必要がある。このテキストを利用して「体ほぐしの運動」の授業実践を試みようとする先生方も，ぜひ授業成果をデータにもとづいて評価していただきたい。下に示すのは，「仲間づくり」の視点からみて学習成果があがったかどうか，形成的に評価するために作成されたものである。授業終了直後に子どもに回答させ，「はい」に3点，「どちらでもない」に2点，「いいえ」に1点を与え，クラスの平均点，男女別の平均点を算出し，単元過程でどのように得点が推移したのかを検討する。クラスの中で問題になる子がいれば，特にその子の得点や変化に注目していただきたい（65ページ参照）。

体育授業についての調査

年　組　男・女　名前（　　　　　）

この調査は，成績とは一切関係ありません。
下の質問について，あてはまるものに〇をつけてください。

1　あなたのグループは，今日課題にしたことを解決することができましたか。　　　　　　　　　　　　　　　　　　　　はい　どちらでもない　いいえ
2　あなたのグループは，課題の成功をみんなで喜びあうことができましたか。　　　　　　　　　　　　　　　　　　　　　はい　どちらでもない　いいえ
3　あなたのグループは，課題を成功した後に自然と拍手や歓声がおこりましたか。　　　　　　　　　　　　　　　　　　　はい　どちらでもない　いいえ
4　あなたのグループは，課題の解決に向けて積極的に意見を出しあうことができましたか。　　　　　　　　　　　　　　　はい　どちらでもない　いいえ
5　あなたのグループは，課題の解決のために「あっ、なるほど」と思うようなよい意見が出されましたか。　　　　　　　　はい　どちらでもない　いいえ
6　あなたのグループは，みんなの意見を大切にして解決の方法が決められましたか。　　　　　　　　　　　　　　　　　　はい　どちらでもない　いいえ
7　あなたは，グループの友達から補助されたり、助言をもらったりして助けてもらいましたか。　　　　　　　　　　　　　はい　どちらでもない　いいえ
8　あなたは，グループの友達からほめられたり、励まされたりしましたか。　　　　　　　　　　　　　　　　　　　　　　はい　どちらでもない　いいえ
9　あなたは，グループの友達から文句を言われたり、せめられたりしませんでしたか。　　　　　　　　　　　　　　　　　はい　どちらでもない　いいえ
10　あなたは，グループが1つになったように感じましたか。　はい　どちらでもない　いいえ
11　あなたは，グループのみんなと仲よくすることができましたか。　　　　　　　　　　　　　　　　　　　　　　　　　　はい　どちらでもない　いいえ
12　あなたは，グループのみんなで助け合うことの大切さがわかりましたか。　　　　　　　　　　　　　　　　　　　　　　はい　どちらでもない　いいえ
13　あなたは，今日取り組んだ運動を楽しむことができましたか。　はい　どちらでもない　いいえ
14　あなたは，今日取り組んだ運動をもっとやってみたいと思いますか。　　　　　　　　　　　　　　　　　　　　　　　　はい　どちらでもない　いいえ
15　あなたは，夢中になって課題に取り組むことができましたか。　はい　どちらでもない　いいえ

（筑波大学　高橋健夫，大学院生　三宅健司作成）

第3章 初級チャレンジ

成功を勝ち取ることは山に登るようなものだ。誰でも遠く離れて山頂を望むことができるが、賢い人ならあれこれ考えるのをやめて、自ら計画を立て、頂上に向かう道に接近するであろう。

パーシー・セルティ 大学の陸上コーチ

平均台アルファベット並び

平均台アルファベット並びは，私たちの大好きな課題の1つである。高い平均台の上でアルファベット順に並ぶためには，グループのメンバーが互いに助け合うことが不可欠である。このチャレンジの間，床や平均台の支柱に触れることはできない。

　おこない方　グループのメンバーは，平均台の上で指定されたアルファベット順に並び替わる。図1のように，はじめは台の上にランダムに座る。スタートのときの順番が思いだせるように，すべてのメンバーに番号をつける。生徒がチャレンジカードを読む前に，教師はまず次の点を確認する。

1. 生徒たちは右から左へ，あるいは左から右へうまくアルファベット順に並べるかどうか。
2. アルファベット順になるために用いる名前（ファーストネーム，ミドルネーム，ラストネームなど）。

　成功の基準　チャレンジは，指定されたアルファベット順に並び替わり，すべてのメンバーが平均台の上に立ったとき終了する。

図1　開始時の位置

用　具　　1台の高い平均台，8〜10枚のマット，加えて1枚か2枚の安全マットが必要である。活動の場全体にマットを敷き詰めるようにする。

　　場の設定　　体育館の壁や他の用具から十分離れた場所を利用する。2枚のマットを広げて，端と端をぴったりつけて床に敷く。図3に示したように，マットのところに平均台をセットする。足を伸ばしたときに直接床に触れないよう，平均台の支柱の間に1〜2枚のマットを敷く。支柱の外側をカバーするためにもっと多くのマットを使うとよい。グループが立つ場所のうしろ側に，マットか安全マットを置くとよい。活動の場所が安全であることを確かめる。

　はじめる前に，課題としてどのような名前，姓を使用するか話し合う。いくつかの名前を書かせる。このチャレンジを解決するためにどのような助けが必要で，だれをどのように助けるかについて話し合わせる。

　　ルールと罰則
1．課題に取り組む間，グループの全員が平均台の上にいなければならない。
2．だれかがマットや床，平均台の支柱に触ってしまったら，グループの全員が平均台から降り，もう一度やり直す。
3．チームメイトを姓で呼んだり，非難したときには，グループ全員がもう一度やり直す。

　　解決の方法　　このチャレンジを解決するためには，図2にみるように，生徒が他の人を越えるとき，グループのメンバーは平均台にしっかりつかまっているよう

図2　チャレンジの様子

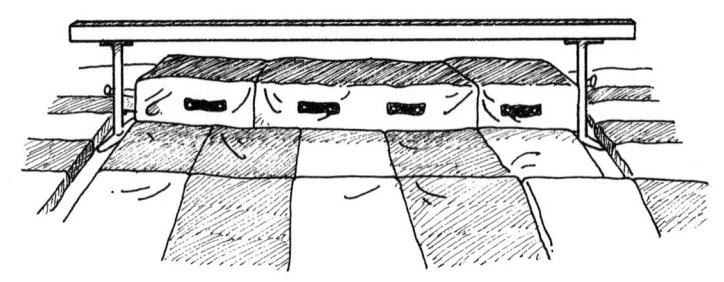

図3　場の設定

にする。

　みんなが立っているときに，場所を変えようとしたり，平均台の下で軍隊などの機動演習のようにぶらさがる生徒がいるもしれない。そのようにすれば，おそらく数人のメンバーがバランスを崩してしまうだろう。グループは，メンバーが落下しないようにガードする必要がある。メンバー全員，常に注意し，慎重に行動すべきである。

　グループのメンバーが他の人を助けるようにすれば，課題はよりやさしいものになる。座っているときでさえ，バランスを保つために，だれかの支えを必要とするメンバーもいることであろう。

　課題の終了　図4にみるように，グループが正しい順序に並び替わって平均台の上に立ち上がったときに，課題は終了する。しかし，平均台の上に立ち上がることは，アルファベット順に並ぶことよりも難しいかもしれない。どのように立ったらよいか，互いにどのように支えたらよいか，工夫する必要がある。この段階でミスするグループがあっても驚くことはない。全員が立ち上がってから，グループは，アルファベット並びに使用した名前をみんなの前で発表する。立ち上がる前に，アルファベット順に並んだ名前を再チェックする必要がある。

　バリエーション　指導者は，生徒が平均台に座っている間に足がマットに触れないようにするため，平均台の高さを調節する必要がある。また，順番が示されたときに，はじめからアルファベット順にメンバーが座っていないかチェックする。グループがわずかに場所を変えるだけで成功できるようなら，チャレンジはおもしろくなくなってしまうので，生徒が予想できないような順番に座らせる必要がある。

　〈備考〉　アルファベット順ではなく，誕生日順に並ぶように指示することもできる。

図4 成功の様子

全員立ったままで移動する課題は大変難しいチャレンジである。(訳者)

　目標の達成でもっとも重要なことは，それを達成したかどうかの結果ではなく，達成の過程でどのような知識を得たかということだ。
グローバー&ミドラ

　成功するチームは自分たちの達成を誇りに思うものである。彼らは，こうした達成を幸運だったと思うのではなく，一所懸命に取り組んだ結果だと思うものである。信頼できるチームメイトなら，事態が悪く進行しても，また，目標を達成できなくても，他のチームメイトを非難したり，謝まらせたりするようなことはしない。
作者不明

2 川渡り

　川渡りのチャレンジは，設定された川（床）をグループで渡りきることである。この課題では，2台のスクーター[注1]，2つのデッキテニス・リング[注2]，そして長なわを使って，体育館あるいはバスケットコートの半分の距離を渡りきる。

注1) スクーター：図5のような，キャスターつきボード
注2) デッキテニス・リング：デッキテニスに使用する輪

　おこない方　グループのメンバー全員が，図6にみるように，印のつけられたスタート地点（岸あるいは島）から，対岸まで渡らなければならない。川を渡るときには，指定された用具を使用しなければならない。その際，体のどの部分も川に触れてはいけない。ちなみに，岸と岸の間にあるすべての床を川と仮定する。

　成功の基準　この課題は，すべてのグループのメンバーが，川に触れないでうまく川を渡りきったときに終了する。使用したすべての用具も川を渡らせなければならない。

　用具　図5のように，2台のスクーター，2つの輪，そして4.5～5.0

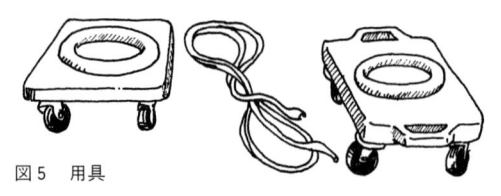

図5　用具

図6　チャレンジの様子

mの長なわを使用する。スタートと終了のラインを設定する。それは，テープを貼ったラインでもよいし，バスケットボールのエンドラインやセンターラインを使用してもよい。使用する場所は，障害物のない広い空間を選ぶ。

場の設定　スタートと終了ラインをはっきり示し，用具はスタートラインに置く。輪をそれぞれのスクーターの上に置く。長なわは折りたたんで，スクーターのわきに置く。このチャレンジは，体育館の半分を使って行うが，活動する場所の広さは，バスケットボールコートの半分くらいあるとよい。

グループのメンバーはスクーターを使って川を渡る。長なわは，スクーターの上にいる人を引っ張るのに用いることができる。輪はスクーターを進めるのに使ったり，長なわに結んで持ち，なわを引っ張りやすくすることもできる。大抵の場合，チームメイトをスクーターの上に乗せ，押してスタートさせようとする。

〈安全上の留意点〉

強く押すとスクーターの上のチームメンバーが前に落ちてしまうので，慎重に押すようにする。

ルールと罰則

1．指定されたラインとラインの間は，すべて川になる。
2．体の一部分が川に触れた場合は，その人とすでに川を渡ったもう1人が犠牲になり，はじめからやり直さなければならない。
3．川を最初に渡った人は犠牲にはならない。チャレンジをうまく進行させるために川の向こうに1人を残すことができる。
4．用具を回収しようとしているときにだれかが川に触れた場合も，犠牲が必要である。
5．姓で呼んだり非難が行われた場合にも犠牲が適用される。
6．川を越えた最初のは犠牲にならないが，川に触れることが許されるわけではない。触れてしまったときには，あとから渡った人が最初のチームメイトの代わりに犠牲にならなければならない。

解決の方法　ここでは，このチャレンジの一般的な解決方法を示す。すなわち，1人がスクーターに乗って川の途中まで渡り，残りの部分は1つか2つの輪を使って，スクーターをこぐようにして渡る。渡り終わった最初の人は，スクーターを待っているグループのところに押し戻す。同様に，輪を転がして戻す。最初の人がな

わをもって渡らなかった場合は，グループのメンバーが川を渡った最初の人になわを投げる。川を渡ることに成功したメンバーは，そのなわを投げ返し，他のグループのメンバーを引っ張るために利用する。

〈安全上の留意点〉

　用具をスタート地点に戻すとき，他のメンバーに当たらないように注意する。空きのスクーターを対岸に強く押し戻してはいけない。

　ロープは綱渡りのためにではなく，移動の道具として使用する。もし，なわの上を歩こうとしても，必ず靴が床に触れてしまうであろう。

課題の終了　グループのメンバー全員が向こう岸の終了ラインまで渡りきり，用意されたすべての用具を運びきったとき，課題が解決されたと判定する。

バリエーション　川が10〜12mより広い場合には，2本の長なわか，長なわ1本と短なわ1本を使えばよい。しかし，川が10mより狭い場合は，2つの長なわでは課題が簡単になりすぎる。結んだロープの長さが川幅よりも短くなるようにすべきである。チャレンジをもっと難しくするには，川に障害物を設定するとよい。障害物を置くことによって，通り道を工夫する必要が生じるであろうし，それらの障害物に触れた場合にペナルティーを科すこともできる。剥製の動物を一緒に運ぶように要求することもできる。また，グループが川を越えて再びもとのスタートラインまで安全に戻るように，課題を変えることもできる。

　あるグループは，輪をスケートとして使おうとするかもしれない。そのような方法で輪を使用させたくないのなら，ルールとして，そのことを指定しておくべきである。

3 ザ．ロック

　このチャレンジは，一定時間，グループが岩（ロック）の上でバランスをとることである。「岩」としてどのような用具を用いるかによって，このチャレンジの難しさが決まる。

　おこない方　ゆっくり"1"から"5"まで数える間，すべてのメンバーは岩の上で（あるいは床から離れて）バランスをとらなければならない。グループは，互いがバランスをとりつづけるために助け合う方法をみつける必要がある。メンバーは互いに親しい出会いを経験するであろう。

　成功の基準　このチャレンジは，ゆっくり5つ数える間，グループ全員が岩の上に乗りつづけることができたときに終了する。指導者は，5つ数えながら，課題が達成されたかどうかを見届けなければならない。

　用　具　岩（約33.0cmの自動車タイヤあるいは重い箱）と岩の下に敷く数枚のマットが必要である。このチャレンジは，タイヤのサイズによって難しさが変わる。グループの人数が少ない場合は小さいタイヤを使うようにする。グループの人数が多い場合には（10人程度），14～15インチ（約35.6～38.1cm）のタイヤが必要になる。

図7　チャレンジの様子

場の設定

この課題は，広いスペースを必要としない。しかし，生徒が落ちて怪我をしないように，壁や他の固定施設から十分に離してマットを敷く必要がある。図8のように，マットを敷き，その真ん中に岩（タイヤ）を置くようにする。

ほとんどの人は，はじめはこの課題がきわめて簡単に達成できると思うものであるが，実際にやってみれば思うほど簡単に成功できるものではない。というのも，この課題は図7のように互いに近づいて抱き合わなくてはならないためである。ある生徒は，性別の違う生徒に触れるよりは死の方がましだと言い張るだろう。しかし，大部分の者は，親しい出会いを好むものである。

ルールと罰則

1. すべてのグループのメンバーは，床（マット）から離れて，岩の上にいなければならない。
2. 床から離れていれば，グループのメンバー全員が岩に触っていなくてもよい。
3. 一度岩に上ったあとに，ちょっとでも床（マット）に触れれば，岩の上にだれもいない状態からもう一度やり直さなければならない。
4. 姓で呼んだり，非難してはいけない。

マットは，床と同じだということに注意を払う必要がある。一度でも床やマットを離れて岩に上ったら，床やマット，あるいは設定された他のものの上に降りることはできない。

成功できるという確信がもてるまで練習を繰り返し，そのあとで教師に合図を送り，教師に見てもらって解決できたことの承認を得る。

解決の方法

大部分のメンバーは岩の上に乗り，互いにしっかり抱き合い，5つ数えはじめるが，はじめは途中で落ちてしまうものである。何回か失敗を繰り返したあとで，どのようにしてバランスを保ちながら抱き合うか，計画して取り組まなければならないことを学ぶ。1つの方法は，すぐ近くの人を抱きしめることであ

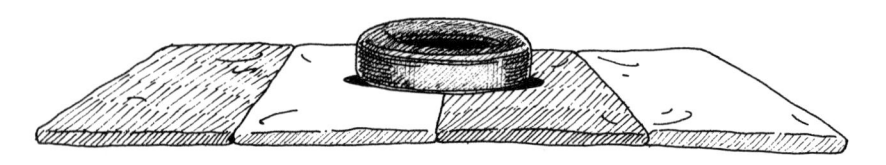

図8　場の設定

る。多くのメンバーが岩の上に乗る場合は，バランスをとるのが大変難しくなる。あるグループは，みんなが片脚を岩に乗せて，3つ数えたときに2つ目の脚を乗せようとするであろう。あるグループは，何人かのメンバーが岩の真ん中に立ち，他の人がそれを囲むようにして乗ろうとするであろう。あるグループは岩の上に横たわり，その上に重なって乗ろうとするであろう。また，別のグループは岩の上に肩車をして乗ろうとするかもしれない。しかし，この解決方法は安全ではないので奨励すべきではない。

　グループのメンバーが練習するときは，ルールと罰則3に示された規定を特に思い出す必要がある。生徒は，バランスを崩すと，マットにちょっと触れてすぐに戻るということをしがちである。しかし，だれかが瞬間でもマットに触れれば，すべてのメンバーは岩から降り，もう一度はじめからやり直さなければいけない。

　すでに述べたように，特に小学校高学年のある子どもたちは，互いに触れ合うことを回避するものである。しかし，この課題は体を使って互いに助け合わなければ達成できないことを，彼らにしっかり伝える必要がある。肯定的なグループ行動を強化すべきである。そうすれば，グループが一緒になって上手に活動できたとき，生徒たちは大いに満足することであろう。

課題の終了　グループのメンバーは，解決の方法を練習し，成功できると思えたとき，教師を活動の場所に呼ぶようにする。すべてのメンバーの足が床から離れたところで，教師は，ゆっくり5つ数えはじめる。活動はたった5秒間で終わるが，笑顔はもっと長い間つづくことであろう。

バリエーション　このチャレンジを変化させるために，教師は5秒の制限時間をもっと長くすることができる。あるいはもっと小さいタイヤ（11～12インチ：約27.9～30.0cm）を使うこともできる。

〈備考〉
・13インチ（約33.0cm）のタイヤは，岩として使うのにとてもよい。課題に難しさを加えるには，タイヤの穴を床として指定することである。それを補うためには，生徒に床に触れないようにタイヤの内側に足を置くようにさせるとよい。大きなグループで行う場合や困難を感じているグループに対しては，チャレンジをやさしくするために，タイヤの真ん中を岩の部分に含めることもできる。

・タイヤに替えて，四角の板を利用することもできる。40cm四方，35cm四方，30

cm四方の板を用意し，6人がしだいに小さな板に挑戦するようにするとよい。

〈撮影：茨城県千代川村立宗道小学校〉

　　　成功するチームは，肯定的な雰囲気をつくり出すものである。メンバーの1人ひとりがチームへの貢献のしかたを知っている。メンバーの1人ひとりが，チームが第一であることを知っている。
　　　　　　　　　　　　　　　　　　　　　　　グローバー＆ミドラ

4 ヘビ

　ヘビは，ロープを使って，あらかじめデザインされた形を体でつくりだすチャレンジである。メンバーがロープを使って形をつくったら，ロープを体で覆わなければならない。このチャレンジは，比較的やさしい課題であるが，指定されたいくつかの形をつくるのに時間がかかるであろう。

　おこない方　グループのメンバーは，このチャレンジを，マット（あるいはカーペット）が敷かれた広いオープンスペース（あるいはフロアスペース）を使ってはじめる。ロープをコイル状に巻き，活動場所の真ん中に置く。教師が形のリストが与える場合があるし，教師と相談して他の形をつくる場合もある。私たちは，数字，文字，名前，ことば，あるいはデザインなどの8つの違った形をつくるようにさせている。

　成功の基準　教師が提示したいくつかの形をグループがつくりあげたときに，チャレンジは終了する。すべてのグループのメンバーが，つくりあげようとする形の部分になることが求められる。ロープで形がつくられるごとに，グループのメンバーはその上に横たわって体でロープを完全に覆うようにする。それぞれの形ができあがったかどうかは，教師の承認によって決定される。

　用　具　綱引きのロープ1本。

図9　チャレンジの様子

38　第3章　初級チャレンジ

🔸 場の設定　　必要なものは大きなオープンスペースだけであるが，マットを敷くこともできる。活動場所の真ん中に，ロープをコイル状に巻いておく。

🔸 ルールと罰則
1．ロープを使って形をつくる。
2．すべてのグループメンバーが，ロープの上に横たわらなければならない。
3．ロープはグループメンバーによって完全に覆われなければならない。
4．グループは別の形をつくりはじめる前に，それぞれの形ができあがったかどうかを教師に承認してもらう必要がある。
5．姓で呼んだり，非難してはいけない。

　このチャレンジにはペナルティーはない。しかし，外からみてはっきり確かめられるような形をつくることが要求される。

🔸 解決の方法　　グループのメンバーは，簡単につくれる形や文字や数字を見つけようとする。教師は，課題の中に比較的やさしいもの，ほどほどに難しいもの，そして大変難しいものを含み入れたいと思うことであろう。グループメンバーの身長を合わせた長さよりももっと長いロープを選ぶのもよい。必要な場合は，ロープを折りたたんで体で覆うことも認めるべきであろう。

🔸 課題の終了　　グループのメンバーが図10のように割り当てられた数の形をつくりあげたときに，チャレンジは解決できたことになる。終了したあとは，次のグループのために，活動場所の真ん中に，コイル状にロープを巻いておくようにする。

図10　「5」を描いているヘビ

図11　綱引きのロープ

バリエーション　ロープがない場合は，跳びなわをつないだり，12〜15mの長さの布ロープを代用することができる。15〜30mの電気コードを使うこともできる。

　簡単で親しみのある形をつくる場合には，それぞれの課題に制限時間を与えたり，できばえを評価して得点を与えることもできる。あるいは，グループ間で作業時間を競わせることもできる。また，いくつかのグループを一緒にして，特大の形をつくりだすこともできる。形づくりに成功したグループの写真を撮って飾ることは，そのグループや他の者を動機づけるであろう。

　このチャレンジは，安全上の問題はほとんどない。しかし，自分が横たわる場所を探すときに，チームメイトの体を踏んだりしないように注意する必要がある。

心配することはない。気楽な気持ちでいるとよい。どのようにすべきか，わかっていることにベストを尽くしているときは，成功に向かっているものだ。

グローバー

5 飛び石渡りⅠ

　飛び石渡りⅠは，マスターするのが難しいチャレンジであるが，グループに多くの課題解決の方法を生み出させる。この課題の難しさは，何人かの生徒が他の生徒と身体的に接触することを嫌がることにある。このチャレンジを解決するためには，言語的なコミュニケーションが極めて重要である。この活動は，グループによる意志決定を学習させるうえで大変価値があると考えたので，あえて初級のチャレンジ運動に位置づけた。

　この課題は，まず，一直線状に置かれたベースの上に指定された順番で立つことから始まる。それから，ベースからベースへと移ることによって，順番がまったく逆になるようにする。

図12　チャレンジの様子

図13　終了時の様子

> **おこない方**　図12のように，ベースを30〜38cmほど離して床の上に一直線に置く。生徒は，指定のベースの上にいるところからはじめ，ベースからベースに移って，はじめのポジションと並ぶ順序が逆になるまで移動する。グループのメンバーの数よりも1枚多くベースを使うようにすると（8人の生徒なら，9個のベースを使う），ポジションを変えることができる。適切に移動したり，バランスを保ったりするうえで相互の助け合いが必要になるが，まさにそのことがこの課題のキーポイントである。

> **成功の基準**　グループがスタートのときと逆の並び順になって立ったときに，このチャレンジは終わる（図13参照）。

○はじめの位置
①サリー→②ルーク→③ターシャ→④メーガン→⑤マット→⑥エリック→⑦アン→⑧セス

○おわりの位置
⑧セス→⑦アン→⑥エリック→⑤マット→④メーガン→③ターシャ→②ルーク→①サリー

> **用具**　図14のように，1人に1枚のベースと，もう1枚の特別のベースを用意する（大きなグループのときには，何枚か特別のベースを利用できるようにするとよい）。屋内用の平らなベースが一番よい。ベースがない場合は，床に30〜38cmの四角をテープでつくるとか，そのサイズにカットした四角いカーペットを使うとよい。

> **場の設定**　床の上にテープでベースの形をつくっておく。そうすれば，生徒は，ベースをどこに置けばよいのか分かるし，置きやすくなる。すると，次の授業での課題設定にも役立つ。

　また，チャレンジの最後に自分の位置を忘れないようにするために，自分の番号（1，2，3，4，5，6，7，8）をつけるようにするとよい。

> **ルールと罰則**　このチャレンジには他のチャレンジよりも多くのルールがある。

図14　場の設定

そのため、生徒たちはそれらのルールを理解したり覚えたりする時間が必要である。
1．1回に一度だけベースに触れることができる。
2．ベースの移動は、両隣のベースに対してどちらか一方の方向に動くことができる。
3．グループのメンバーは、だれもいないときにだけ新しいベースに触れることができる。
4．ベースを移動させることはできないが、歪んだ場合に調整することはできる。その際、床に降りなければ、ベースを動かしてもペナルティーは科されない。
5．靴は体の一部と考える（これは、靴を脱いで床に置き、靴を飛び石として使用できないということである）。
6．体のどの部分も床に触れることはできない。
7．上記のいずれかのルールが破られた場合、グループメンバー全員がもう一度はじめからやり直さなければならない。

　同じベースに一度に1人以上のメンバーが乗ってはいけない。しかし、このルールはメンバーをベースからもち上げたり、抱きかかえたり、また、チームメイトの足の上を渡ってはいけないという意味ではない。

　解決の方法　このチャレンジのもっとも一般的な解決方法は、一方の端の人が、低くしゃがんだ隣の人を跳んだり、またいだりして、他方の端まで動く方法である。生徒がコースを移動するには、空きのベースが必要である。このチャレンジの「成功の基準」として示した例を見直していただきたい。グループのメンバーは、セスが動けるベースができるように、アンとエリックの間に空きのベースをつくる。アンはセスが跳んだり、またいだりできるように、できるだけ低くなる。エリックはセスがバランスを保つのを助けることができるようにしておく（別の方法：アンとセスが場所を入れ替わる）。セスが動いたら、アンはセスがいた一番端のベースに動く。次に、セスが動いてアンのところに行き、そして、エリックが次に動いてセスのところに行くと、エリックとマットの間に空いているベースが残る。セスは次の場所に移るために、エリックがはじめにいたベースのところに行き、マットはセスを助けることができるように準備する。このような方法を繰り返して、最終的にセスが列の反対側の端に残れるようにする。

　つづいてアンの番である。彼女はセスの次にくるまで列を移動する。次はエリッ

クの番になる。このようにして，グループの順番がすっかり反対の順序になるまでマット，メーガン…の順に移動する。

　互いに跳び越えたり，またいだりするよりも，隣の人の靴の上を歩いて（ベースに触れることなしに）次のベースに動く方がよい場合もある。また，チームメイトを持ち上げて新しいベースまで運んだ方がよい場合もある。ジャンプして跳び越えるのも1つの方法である。

　どの方法を用いるにしても，メンバーは，床に触ったり，他の人が立っているベースに触ったりしないように，互いに助け合ってバランスを保つことが必要である。ベースの大きさには，バランスが保てるようなわずかの空間を残すようにすべきである。協力的にうまく活動しているグループは，移動しないメンバーが，移動するメンバーの方に近づいて支えようとする。

　このチャレンジの難しい点は，ある1人のメンバーが失敗したときに，最初立てたプランを放棄して，違った解決方法を試みようとすることである。別な問題は，できそうもない方法（しゃがんでいるチームメイトの背中の上を這っていくなど）を試みようとするときにもち上がる。彼らは，それらが無駄な努力であることに，すぐには気づかないだろう。

課題の終了　メンバーが，開始の位置とは逆の順序になってベースの上に立ったときに，課題が解決される。

バリエーション　バリエーションについては解決方法のところで触れている。うまく協力的に活動しないグループは，これが難しいチャレンジだと気づくであろう。しかし，互いに助け合おうとするグループは，比較的容易に解決できるはずである。互いに助け合っているチームメイトを見るのは，実に楽しいものである。

　　　　　　　　集団的努力に対する個々人の献身。それがチームワークであり，企
　　　　　　　　業の仕事，社会の仕事，文化的な仕事である。
　　　　　　　　　　　　　　　　　　　　　　　　　　　ヴィンス・ロンバルディ

6 ムカデ歩き

　ムカデ歩きのチャレンジは，おこない方を理解するのは簡単であるが，実際に行うのは難しい。グループで解決できると楽しいが，そのためには練習とチームワークが必要である。すべてのグループメンバーが，課題解決に向けて等しい役割を担う。

　おこない方　グループは，通常，バスケットボールのコートの周囲や縦に設定されたコースに沿って進む。また，グループは，チームスキー（図15参照）を使用する。通常それは，各メンバーの足が固定されるような留め具をつけた2本の長い板（長さ3.7m，幅15cm，厚さ5 cmの板）である。

　成功の基準　体のどの部分も床や壁に触れないで，設定されたコースを歩き終わったときに，チャレンジは終了する。コースの長さは変えることができるし，利用できる場所やグループのメンバーの年齢によって，難しさを変えることができる。

　用　　具　図16に示したようなチームスキーや長い歩行板を使う。この用具は，体育用具のカタログの中に見い出すことはできなく，購入することはできない。教師自身がつくる必要がある。

図15　チャレンジの様子

長さ3.7m，幅15cm，厚さ5 cmの松あるいはモミの木の板が2本必要である（長さは，必要に応じて変えることができる）。また，足の輪をつくるために，物干し用のロープか革ひもが必要になる。

ロープまたは革ひもを板に通すために穴をあける。穴を45cmごとにあければ，3.7m板の場合，8セットの足の輪を取りつけることができる。比較的重いロープあるいは十文字ロープを使うことによって，よりしっかりした足の輪をつくることができる。グループのメンバーが倒れたときは，足がスキーから簡単にはずれるようにしておかなければならない。

場の設定　グループにチームスキーとウォーキングコースを与える。コースは，挑戦意欲をかき立てる長さにする。スキーの長さが，2.4～3.7mあるので，チャレンジに十分な長さの距離と，ターンするのに十分なスペースがとれる場所を選ぶ。

ルールと罰則
1．グループのメンバーは，体のどの部分も床に触れてはいけない。
2．グループのメンバーは，バランスを保つために壁や固定施設に触ってはいけない。
3．もしルールを破ったら，そのグループはもう一度はじめからやり直す。
4．姓で呼んだり，非難してはいけない。

解決の方法　チームワークが，このチャレンジの解決方法である。だれかがチームの動きを調整する必要があるので，グループリーダーやまとめ役を決めておく。たとえば，だれかが号令をかけて足を同時に動かすようにする。また，グループのメンバーは，図15のように，前にいるメンバーの腰や肩を抱きかかえるようにし，体を使って互いに助け合う。ターンするときは，はっきりとことばでコミュニケーションを図る必要がある。もし1人が転んだら，必ず他の人も転んでしまうことは

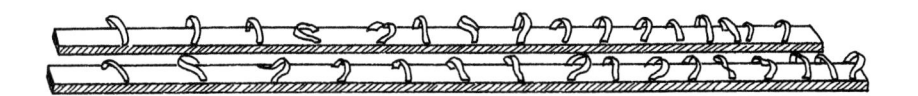

図16　用具

容易に想像できるであろう。ちょっとした不注意がチームメイトを大変危険な状態に陥れるので，十分注意する必要がある。

課題の終了 ゴールラインを越えたときに，グループは成功したことになる。チームの最初の人がゴールに達したときを終了とするか，チーム全員がゴールを越えたときとするかは，教師が決める。

バリエーション このチャレンジには，バリエーションがたくさんある。一度チャレンジするところを観察すれば，私たちがまだ試したことのないさまざまなバリエーションがあることに気づくだろう。

・チャレンジは制限時間の中で終わらなければならない。
・制限時間とゴールまでの距離を競う方法の両方を適用する。与えられた時間内でどこまでいくことができるかを競う。大きい体育館や細長いホールでは，この方法が適している。
・バリエーションとして，障害のあるコース，ジグザグのコース，ターンが設定されたコースなどを工夫する。360度ターンなどはとても難しい挑戦である。
・生徒たちに，互いに抱きかかえないようにさせる。このやり方は，低学年の生徒に科してはいけない。
・コースにボール，跳びなわ，台，輪といった用具を置き，これを拾ってくるような課題を加える。
・歩いていくときに，低くした平行棒やバレーボールネットの下をくぐらせる。このチャレンジは，たくさんの笑いと楽しさを生み出すであろう。

> 1人ではなしえない。個人主義者ではなく，チームプレイヤーになるべきであり，チームメイトを尊敬すべきである。何事においても，1つのチームとして行動しなければならない。たくさんの記録が生み出されたのは，まさにチームメイトの支えがあったからである。
>
> チャーリー・テーラー
> NFLのワイド・レシーバー

7 地球を支えよ

　このチャレンジは，新しい課題の1つであるが，いくつかの解決方法がある。グループが協力してうまく活動できれば（そして幸運があれば），このチャレンジはすぐに解決できる。しかし，この課題は，他のチャレンジとはまったく異った方法で動いたり，体の一部分を使ったりすることが必要であるため，大変難しいチャレンジになる場合もある。

　おこない方　グループで，大きいボール（直径120cm あるいはそれ以上の竹カゴでつくる）を体育館の端から14m離れた場所に移す。もっと大きいボールを使うと，一層おもしろいチャレンジになる。ボールをタイヤの上に置くところからはじめる。課題は，体育館のもう一方の端に置いてある2つ目のタイヤのところまでボールを運ぶことである。グループはボールを床に落とさずに，また，手や腕でボールに触らないでボールを運ぶ必要がある。

　成功の基準　1つ目のタイヤからボールを動かし，体育館の反対側にボールを

図17　協力して歩いている様子　　　図18　成功の様子

移動させ，2つ目のタイヤの上にボールを置いたときに，このチャレンジは終了する。グループのメンバーがボールを頭の上にかかげるような条件を加えることができる。ボールを床に触れることは許されない。

用　具　2つのタイヤと大きいボール（直径120cmかそれ以上の竹ヒゴでつくったボール），長い体育館のスペースが必要である。また大きな地球儀（市販されているもの）をボールの代わりに用いることができる。ボールは可能な限り大きい方がよい。

場の設定　この活動は，グループがカニ歩きをするため，壁にぶつかる恐れがあるので，広い活動場所を選ぶ必要がある。また，大きなボールは，壁から離れた場所の方がコントロールしやすい。グループのメンバーは，カニ歩きの姿勢でボールの周りに座ったところからスタートする。床に座っていてもよい。チャレンジがはじまったら，メンバーは途中で別の位置に移動することができる。

ルールと罰則
1．ボールが床に触れてはいけない。
2．ボールがグループのメンバーの手や腕に触れてはいけない。
3．もし，ルールが破られれば，ボールをタイヤIに戻し，はじめからやり直さなければならない。
4．姓で呼んだり，非難してはいけない。

解決の方法　このチャレンジに対する多くの解決方法を見いだしてきたが，間違いなく，もっと別の解決方法があるはずである。ここでは，4つの解決方法を紹介する。

1．グループのメンバーは，タイヤ1からボールを足でもち上げ，カニ歩きをする

図19　用具

かあるいは足を滑らせるようにして体育館を横切る。ボールが転がって床に落ちてしまわないように，足や脚，上半身を使う。2つ目のタイヤのところまで来たら，図17に示したように，再び手と腕を除くすべての体の部分を使って，ボールをタイヤの上に乗せる。

2．グループのメンバーは，2本の線路をつくるようにして横たわる。図20のように，グループメンバーが体でラインをつくり，その上を2人のメンバーでボールを転がす。床にボールが転がり落ちないように，自分たちの体を使いながら転がす。ボールが移動するときに，ラインが途切れないように，床の上に横たわっている人が場所を変えていく。ボールがタイヤIIの近くに来たときは，少なくとも4人のメンバーが助け合ってタイヤの上にボールを乗せる。

3．同様に，グループのメンバーが線路の枕木のように並んで床の上に横たわる（図21参照）。ここでも，少なくとも2人のメンバーは，ボールがみんなの体の上を横切っていくように導く。また，横たわっているメンバーは，自分の上をボールが横切ったあと，ラインを延長するために自分の位置を変えていく。

4．1人か2人のメンバーが十分な高さまで脚でボールをもち上げ，つづいてチームはボールに背を向けて立つ。それから，グループは，タイヤIIまでボールを運ぶために歩きはじめる。

図20　線路のように寝ころんで　　　　図21　枕木のように寝ころんで

足でボールをもち上げたチームメイトはボールをコントロールするために，グループに素早く加わる。

課題の終了　グループがタイヤIIの上にボールを静止させたときに成功となる。教師は，グループのメンバーがボールを頭上にかかげた状態で，チャレンジを終わらせたいと思うであろう。図18は「私たちは全世界を手にした」を歌う事例を示している。

バリエーション　低学年の生徒には，限定的に手や腕の使用を認めるようにする。

生徒に創意・工夫させるためには，別のグループが見つけた解決方法とは違った方法で解決させるのもよい。

終了ラインからスタートのタイヤのところまで，最初の解決方法とは異なった方法でボールを戻すように要求することは，メンバー全員をチャレンジに参加させるよい課題である。

> チームが成功するための唯一の方法は，集中して取り組むことである。チームの成功には熱意が不可欠である。願うだけでは，チームは決してゴールに到達することができない。チームの目標を決め，その達成に向けて全面的に協力する必要がある。
>
> 　　　　　　　　　　　　　　　　　デニス，ウェイトレイ

> 今後の数十年間のチャレンジは，人間中心，プロセス中心になっていくことであろう。そこでは，他の人とのコミュニケーションのもち方や関わり方についての理解が，基本的なスキルになる。
>
> 　　　　　　　　　　　　　　　　　シェリー・フリーマン
> 　　　　　　　　　　　　　　　　　教育コンサルタント

8 タイヤブリッジ

　タイヤブリッジも，体育館のような広い場所の端から端までグループで移動することが課題になる。グループは，「動く橋」を組み立てるために自動車のタイヤを使う。この課題は時間がかかるが，それほど難しいものではない。

> **おこない方**　グループは，川を横切って「動く橋」をつくる。
> **成功の基準**　すべてのメンバーが川を渡りきり，垂直にタイヤを積み重ねて，みんながそろって立ったときに課題は終了する。
> **用　具**　図22にみるように，グループのメンバー1人に1つのタイヤと，もう1つを余分のタイヤが必要となる。大きいタイヤを使用すれば動かしにくく，より大きな肉体労働になる。小さいタイヤは動かしやすいが，その上に乗ってバランスをとるのが難しくなる。使う前にはタイヤをきれいにする。開始と終了のライ

図22　チャレンジの様子

ンを引く（普通はバスケットコートのラインを使う）。

🔵 場の設定 　スタート位置の近くにタイヤを置く。バスケットコートもしくは類似のスペースを使用する場合は，明確なコースを用意する。終了位置には，グループのメンバーが立つことができ，タイヤを積み重ねることのできるような十分なスペースが必要となる。安全面に関しては，グループが周りの壁や用具から十分距離を保ってさえいれば，ほとんど問題は生じない。

　この課題は技能的にそれほど難しくはないので，グループのメンバーは互いに集中できるように励まし合うことができる。集中力が失われると下に示すルール3と4を破ることになる。

🔵 ルールと罰則
1．生徒は陸に立つところから活動を開始しなければならない。
2．1つのタイヤの上に1人だけいることができる。
3．メンバーの体の一部が川に（床）触れてしまったときは，橋をはじめの位置に戻さなければならない。
4．2人が同じタイヤを踏んでしまったら，橋をはじめの位置まで戻さなければならない。

🔵 解決の方法 　グループのメンバーがそれぞれタイヤの上に立ち，タイヤのラインをつくったあと，図22のように，グループのメンバーは最後部のタイヤをラインの一番前まで次々に渡し，1つずつ前に進んでいく。あるグループは，注意深く前方の床にタイヤを置くようにするであろう。大胆なグループは，タイヤを前方に投げようとするだろう。グループのメンバーが足並みをそろえて移動しなければ，だれかがいるタイヤを踏んでしまうことになる。そうすれば，当然はじめからやり直さなければならない。

図23　用具

図24　成功の様子

　あるグループはタイヤの運搬操作を誤って，タイヤがとんでもない位置にいってしまうこともあるだろう。また，ある生徒は，タイヤの内側に両脚を入れ，ピョンピョンと跳ぶようにして移動しようとするだろうが，グループ全体がこの方法で川を渡ろうとするのは難しいし，疲れてしまうだろう。

課題の終了　グループのメンバーが川を渡りきり，図24のようにタイヤを垂直に積み上げたときに，課題が成功したことになる。川には入ることはできない。グループの達成を教師が認めたあと，タイヤをスタート位置まで運ばせるようにする。

バリエーション　この課題を変化させるいくつかの方法がある。
・先の課題よりも，グループに渡すタイヤをもっと多く与える。するとこの課題は，もっと激しい肉体労働になるだろう。
・課題を達成するまでの時間を制限する（たとえば20分以内）。
・まっすぐのコースではなく，ジグザグなコースにする。
・休憩したり，チームを再編成したりできる島をつくる。

9 壁登りⅠ

　登ることが好きなのはおそらく子どもの本性であろうが，壁登りⅠのチャレンジが行われるときは，いつも数々の楽しさと興奮が生まれる。
　このチャレンジでは，マットや安全マットでつくられた壁を乗り越えることが課題になるが，グループが協力して活動したり，仲間関係のスキルを活用することが強く要求される。

　おこない方　壁の高さが鍵になる。挑戦意欲をかき立てるのに十分な高さがあり，しかも安全を保つうえでほどよい高さでなければならない。体重の重いメンバーに壁を越えさせることは，グループ全体のチャレンジであるが，とりわけ最後の人に壁を越えさせることが，一番難しい課題になる。壁を十分高くすれば，グループのメンバーは互いに助け合うことが不可欠になる。

　成功の基準　課題は，グループのメンバー全員が壁を渡りきったところで終了する。

図25　チャレンジの様子　　　図26　チャレンジの様子

9. 壁登り

用具 大きな折りたたみ式の安全マット（折りたたまない状態で長さ1.5〜3.0m，厚さは30cm あるもの）を立てて壁にする。壁の下に敷いておく2枚のマットが必要である。壁として利用できる安全マットがない場合は，マットを折りたたんで1.5〜1.8mに積み重ねて使う。壁が崩れたりしないように，安全マットの周りをロープやひもで縛っておく。

場の設定 このチャレンジには，壁から4.5mほど離れた場所と十分な用具が必要である。最初に2枚のマットを広げて床の上に敷く。安全マットは，たたみ込んだサイド側を使って立てるようにする。下に敷かれた2枚のマットの真ん中に安全マットを置く。図27にみるように，安全マットがバラバラにならないように，ひもなどで縛っておく。壁の前方と後方を区分する線を床に引くようにする。壁以外に，その線を越えることができない。

ルールと罰則
1. 安全マットを倒さない。
2. 安全マットの把っ手や，安全マットを結んでいるひもをつかんではいけない。
3. 壁を2つに分けているラインを踏み越えてはいけない。
4. ルール1を破ったら，全員がやり直す。
5. ルール2や3を破ったら，ルールを破った人とすでに壁を越えた1人がやり直す。
6. 姓で呼んだり，非難してはいけない。

他の人が壁を越えられるようにうしろから押し上げたり，背中に乗れるように床に膝をついたりするメンバーがいることであろう（図25）。あるメンバーは壁を蹴

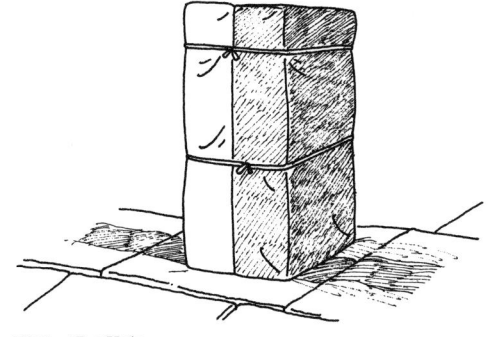

図27 場の設定

り上げて，跳び乗ろうとするかもしれない。このような類の試みは，注意深く監視し，それが安全でなかったり手におえないものだと判断すれば，禁止すべきである。

解決の方法　グループのメンバーは，壁を越えるために互いに助け合うことが必要である。最後に壁を越える人が一番難しくなるので，図26にみるように，最後の人を引っ張り上げるために壁の上に1人が残るようにする。しかし，体重の重いメンバーが上に残ったら壁は倒れてしまうだろう。床にいるメンバーは壁を支えることができるし，また壁の上にいる人を支えることもできる。

このチャレンジは，特に小学校の子どもには楽しいものである。優先させるべきことは，安全である。必要があれば，壁から跳び降りることを禁止すべきである。メンバーが補助するときに，チームメイトの服を引っ張ったりしないようにする。服を傷ませたり，恥ずかしい思いをさせるような事態を起こさないためである。

課題の終了　すべてのグループメンバーが壁を越えたときに，このチャレンジは終了する。

バリエーション

- より難しくするために，壁に触っていないときはマットの上にとどまっていなければならないようにする。この方法は，動きを制限し，助走をつけてジャンプして登るような行動を防ぐ。
- 他のメンバーを助けるために，1回以上壁の上に登れないようにする。このことは，仲間をどのようにして壁の上にあげ，どのように越えさせるか，またどのように壁の上で仲間を支えるかについて，グループで計画を立てる必要性を生む。

このチャレンジは，安全面ではほとんど問題がないが，不注意な行動や無鉄砲な行動によって，壁が倒れないようにすべきである。また，生徒が壁から跳び降りたり，頭からすべり降りたりしないよう，十分注意すべきである。

10 グレイト・コミュニケーター

　チャレンジ運動を通して，真剣に仲間づくりに取り組もうとするのなら，グレイト・コミュニケーターはとても意味のあるチャレンジである。このチャレンジは他のチャレンジと違って活発な身体運動をともなわないが，相手のことばを聴く能力を高めるのに欠かせない課題である。グループのメンバー同士が互いに相手の言うことに耳を傾けなければ，どうやって自分たちの考えを伝え合うことができよう。また，自分たちが行動に移したいアイディアをはっきりと相手に説明できるようになるためには，グループのメンバー間での話し合う練習が必要になる。グレイト・コミュニケーターは複数のグループに対して一斉に実施させることができる。このチャレンジは，教室や体育館など，どこでも行うことができる。

　私たちは，このチャレンジを仲間づくりプログラムの早期の段階で実施することを推奨する。また，グループの成長過程で，どの程度メンバー間のコミュニケーションが向上したかを調べるテストとして，このチャレンジを繰り返し実施してみるのもよい。

　おこない方　　グループのメンバーは，割り当てられた場所に半円または扇状に

図28　チャレンジの様子

なって座る。グループの中から1人がグレイト・コミュニケーターとして選ばれる（図28参照）。

　グレイト・コミュニケーターは1つの絵を見て，そこに描かれている事物をグループのメンバーに説明する。そして，グループのメンバーは説明された事物の絵を描く。しかし，グレイト・コミュニケーターが説明する際に，標準的な形状を表すようなことばを使うことができない。たとえば，円，正方形，三角形などのことばを使ってはいけない。またグループのメンバーは，グレイト・コミュニケーターの説明に対して質問を投げかけたり，補足の説明を求めたりすることはできない。

　絵が完成するごとに，グレイト・コミュニケーターの役割を，他のメンバーに順にまわしていく。

成功の基準　この本で紹介されている他のチャレンジと違って，このチャレンジについては成功の基準をあらかじめ設定していない。なぜなら，グレイト・コミュニケーターの説明を受けて，グループのメンバーが描きあげた絵をそのグループで見せ合うことで，説明された事物が他のメンバーやグループ全体に正しく伝達されたかどうか即座に分かるからである。

用　具　各グループのメンバーには，鉛筆と絵を描く紙が必要である。また，グレイト・コミュニケーターには絵が必要である（学習カード，例題Ⅰ，Ⅱ，Ⅲ，Ⅳを参照，あるいは自作する）。またグループの他のメンバーに絵が見えないように，グレイト・コミュニケーター用のクリップボードを用意するとよい。

場の設定　準備すべきことは，グループのメンバーに用具を配布し，半径3mの円もしくは3m四方の場所を割り当てるだけである。

ルールと罰則　この課題には特別な罰則はない。ただし，グレイト・コミュニケーターは形状を表すことばを使用してはならない。

解決の方法　このチャレンジに対する解決方法は，グレイト・コミュニケーターの「説明する能力」とグループのメンバーの「聴く能力」によって大きく左右される。このチャレンジの目的は，コミュニケーション能力の練習場面をグループのメンバーに提供することである。それぞれのメンバーが自分の描いた絵を見せ合い，グレイト・コミュニケーターの絵と比較しながら，自分たちの聴き取りや話し方が成功したかどうかを知ることができる。またグループでこのチャレンジを数回練習すれば，メンバーは自分たちのコミュニケーション能力が高まったかどうかを知る

ことができるはずである。

課題の終了 この課題はグレイト・コミュニケーターが絵の説明を終えたところで終了する。それからグループのメンバーは自分たちの描いた絵をグレイト・コミュニケーターやメンバー同士で見せ合う。

バリエーション 学習カードに示した絵の例を使うことにこだわる必要はない。このチャレンジを実施する場合は，その他もっと創造的で興味のひく事例をグループに与えることができる。

> 私たちの学校や社会の中で生じている暴力は，私たちにとってますます大きな心配事となっている。生徒たちが仲間を賞賛することや敬うことを学び，優れたチームの一員となることを学んだとすれば，暴力防止に向けての大きな前進である。このような意見に対して異論を唱える者はいないであろう。

11 警告！建設現場区域

　グレイト・コミュニケーターと同様に，このチャレンジは，身体的なチャレンジというよりは，コミュニケーションを中心とするチャレンジである。何人かのメンバーが，目隠しした他のメンバー（建設作業員）に対して，ことばによる手がかりや合図を与えながら，大きなパズルが組み立てられるようにアシストする。このチャレンジでは，目隠ししたメンバーがパズルを完成させるだけでなく，目隠ししていないメンバーが明確な方法で情報を伝達し，建設作業員を正しい方向に誘導することが課題となる。

おこない方　目隠しするメンバーの数は，自由に変えることができる。しかし，少なくとも1人のメンバーは目が見える状態にしておかなければならない。ここでは，3人ないし4人のメンバーが目隠しすると仮定してみよう。

　目が見える状態のメンバーは，建設作業員役のメンバーを目隠ししてから，パズルをバラバラの状態にする。パズルの形は自由であるが，ここでは，組み合わせると正方形になるパズルを用いる。

図29　パズルを組み立てる様子

目が見える状態のメンバーは，目隠しした建設作業員にことばで方向を指示する。まず建設作業員はパズルピースのところに誘導される。つづいてピースを組み立てるように誘導される。目が見える状態のメンバーは，パズルピースや目隠ししたメンバーに直接触ることはできない。

あらかじめ，作業する場所からすべての障害物を取り除くように指示しておくことが大切である。

成功の基準　このチャレンジは，パズルが正しく組み立てられた時点で終了する。

用　具　4つの目隠しと1組の建設パズル（図30参照）を用意する。パズルは1.2m四方の厚さ6 mm程度のベニヤ板もしくはダンボール紙でつくる。パズルの各ピースの片面に色を塗って，生徒にどちらの面が表であるか分かるようにしておくとよい。

場の設定　このチャレンジを実施するのに，広い場所は必要としない。教室

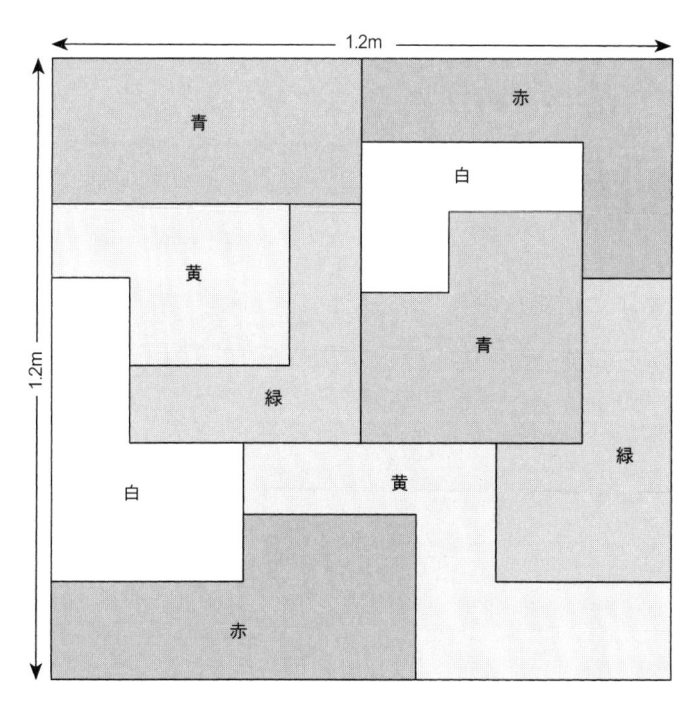

図30　建設パズル

や廊下，体育館などで実施できる。何の障害物もない約4m四方の場所，1.2m四方のベニヤ板あるいはダンボール紙があれば十分である。

ルールと罰則

1. 目隠ししたグループのメンバーだけが，パズルピースに触ることができる。目が見える状態のメンバーがパズルピースに触ったら，そのグループは，もう一度，パズルをバラバラにしてはじめからやり直す。
2. 目が見える状態のメンバーは目隠ししたメンバーに触れてはいけない。その場合，ルール1と同じ罰則が適用される。
3. いじわるをしたり，非難してはいけない。

解決の方法　この課題解決は，パズルを組み立てることである。この課題の難しさの度合いは，目隠ししていないメンバーの言語的能力や目隠しした建設作業員のパズルを操作する能力によって変わってくる。もちろん，複雑なパズルを用意すれば課題は難しくなる。

課題の終了　パズルを組み立てたら，目隠ししたメンバーは目隠しをとる。

バリエーション　各グループに制限時間を設けることができる。組み立てやすくするために，あらかじめパズルを型どったテープなどを床に貼っておくのもよい。目隠しするメンバーを交代したり，異なったパターンのパズルを与えたりして，グループのメンバー全員が目隠しの建設作業員の役割を経験するように配慮するとよい。

〈備考〉

　大きなパズルを使用することは，課題に取り組む生徒を意欲づけるだけでなく，チャレンジを観察する生徒にも大きな興味を与える。

> 多くのスポーツにおける意思決定や実際の活動は，攻撃的で，競技能力の備わった者が中心になって行われる。仲間づくり運動で成功するためには，グループのだれもが意思決定に参加し，活動に関与しなければならない。

12 ボートこぎ

　ボートこぎのチャレンジは，広いオープンスペースを横切ってメンバー全員を輸送することが課題である。この課題に対する基本的な解決方法は1つである。しかし，このチャレンジをうまく完了するためには，通常1時間の大半が必要になる。

　おこない方　チームは，バスケットボールコートぐらいの広さを一方の端から他方の端に，体が床に触れないようにして自分たちを輸送する。グループは2枚の折りたたんだマットをボートとして使用する。折りたたんだマットが開いてしまわないような方法で移動しなければならない。またマットが床に擦れて大きな音をたてないようにしなければならない。

　成功の基準　ボートこぎのチャレンジは，グループのメンバー全員がボートを使って床に触れることなく川を横切ることができたとき，達成されたと判定する。また与えられた用具はすべて川の反対側まで運ばなければならない。

　用具　標準サイズのマットが2枚，小さなタイヤが2本（できれば，ボートトレイラー用のタイヤ），なわとび用の長いロープあるいは物干し用のロープ

図31　チャレンジの様子

が2本である。

場の設定　バスケットボールコートぐらいの長さのオープンスペースを使用する。広い廊下や通路でも適当なスペースになる。

ルールと罰則

1．グループのメンバーの体が一部分でも床に触れたら，グループ全員がスタート地点に戻らなければならない。
2．用具のすべてを，川を渡して運ばなければならない。
3．マットは折りたたんだ状態でなければならない。開いてしまったらグループ全体がスタート地点に戻らなければならない。
4．マットが床に強く擦れて大きな音をたててしまったら，そのグループは再スタートしなければならない。
5．チームの仲間を非難してはいけない。

解決の方法　一般に，グループは，まず床に1枚のマットを置き，それからもう1枚のマットを前へ通過させる。メンバーは前のマットに移動して，それからもう1枚のマットを引っぱりながら通過させて前方にスライドさせる。再び，前にきたマットにメンバーは移動する。このように，次々へとび移りながら進んでいく（図31参照）。タイヤは「救命ボート」「タグボート」の役割を果たすもので，マットを移動させる補助として利用する。また，タイヤはボートの上がメンバーで混雑するのを緩和させる。跳びなわは，通常，タイヤに結びつけて，より効率よくタイヤを動かすために利用される。

課題の終了　このチャレンジは，与えられた用具をすべて携えて，グループの

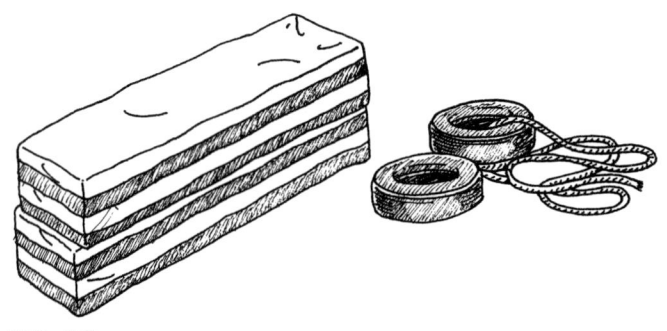

図32　用具

全員がうまく川を横断することができたときに完了する。

バリエーション 川の中に障害物を設けたり，運搬物の条件を加えたりして，課題を難しくすることができる。また，グループが制限時間内に決められた地点までたどりつかないと，嵐に遭遇するといったストーリーを設定することもできる。

コラム 2
―チャレンジ運動の授業成果―

チャレンジ運動を教材にして「体ほぐしの運動」の単元（6時間）を設定し，3校の小学校で授業研究を試みた。研究の目的は，このプログラムが本当に「仲間づくり」に有効であるかどうか検証することであった。その有効性を検証するために，「集団的達成」「肯定的なかかわり」「協力的態度」「集団的思考」「集団的学習への意欲」の4次元からなる調査表を作成し，（24ページ参照），毎授業時間後に調査を実施した。図は，茨城県の小学校5年生を対象にして行った結果を示している。図からわかるように，得点は授業をおうごとに向上し，このプログラムが「仲間づくり」にきわめて有効であることが確かめられた。特に深く印象に残ったことは，単元の前半には，グループにうちとけることのできなかった子が，単元後半には喜々としてグループの一員に加わり，集団的活動に取り組むようになったことである。

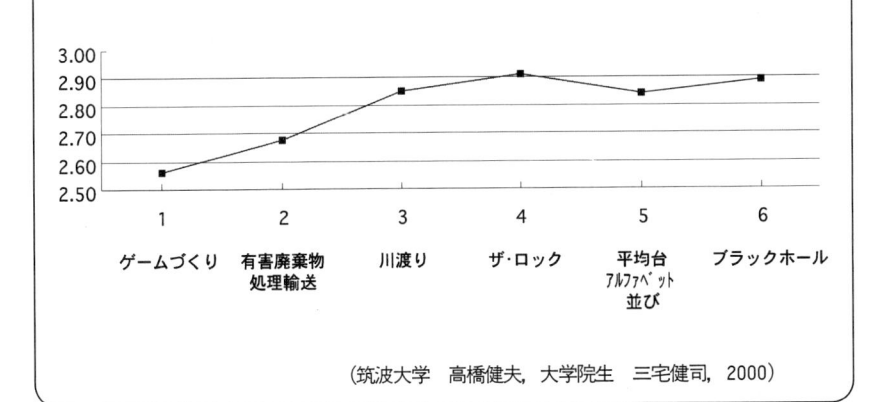

	1	2	3	4	5	6
	ゲームづくり	有害廃棄物処理輸送	川渡り	ザ・ロック	平均台アルファベット並び	ブラックホール

（筑波大学　高橋健夫，大学院生　三宅健司, 2000）

13 湿原車

　湿原車のチャレンジでは，グループがマットを使って，一定のスペースを横断することが課題となる。このマットの端と端にはマジックテープがつけてあるので，マットを1つの輪にすることができる。メンバーは輪の中に入り，戦車のキャタピラのようにして輪を回転させて移動する。ここでは，30cmごとに区切りのある幅1.8m，長さ3.6mのマットを用いる場合を例にして解説する。

おこない方　グループは，体育館の一方のサイドにある島（2つのマットを平行に並べたもの）からスタートする。はじめに2〜4人のメンバーが，湿原車に乗り込み，湿地帯を横切って反対サイドの島まで操縦していく。島に到着するとメンバーの何人かは湿原車から降りるが，少なくとも2人のメンバーは，湿原車に残っ

図33　湿原車のスタートの様子

て，湿地帯を引き返して他のメンバーを迎えに行く。湿地帯を進んだり引き返したりするときは必ず2～4人のメンバーが湿原車に乗っていなければならないので，メンバーはしばしば場所を交代しなければならなくなる。1人のメンバーが湿地帯を2回以上連続して往復することがないようにする。すべてのメンバーが湿地帯を横断して第二の島に無事にたどりつくまで，グループはこのチャレンジを繰り返す。

成功の基準　湿原車のチャレンジは，グループのメンバー全員が第二の島の上に立ち，湿原車をその岸に停留することができたとき完了する。

用具　2つの島をつくるのに4枚のマットが必要である（各島に2枚を平行に並べる）。湿原車用のマットは，30cm毎に区切りのある幅1.8m長さ3.6mのUSCマットを使用するとよい（もっとも標準的なものは60cm毎に区切りがついている）。また，湿原車にするためにマットの端にマジックテープが取りつけてあるものがよい。

場の設定　2枚の標準的なマットを平行に敷き，島をつくる。約9mから12m離れた地点（通常バスケットコートの横幅の半分位）に同じように2枚のマットを敷き，第二の島をつくる。廊下や食堂などのオープンスペースがあれば，このチャレンジには十分である。第一の島に湿原車を置いておく。

ルールと罰則

1．グループのメンバーが床（湿地帯）に触れたら，その人に加えて，うまく横断に成功した1人が第一の島に戻らなければならない。
2．湿原車が壊れた場合，それが湿地帯にある間に，乗っているメンバーが修復すれば，特別な罰則はない。湿原車に乗っているメンバーが，湿地帯にある間に修復できない場合は，グループ全体が第一の島に戻らなければならない。
3．グループのメンバーは，2回以上連続して湿地帯を往復してはならない。これに違反した場合は，その人に加えて，第二の島から1人が第一の島に戻らなければならない。
4．湿地帯を横断するときは，必ず2～4人のメンバーが湿原車に乗り込んでいなければならない。2人より少なく，4人より多かった場合は，グループ全体がチャレンジを最初からやり直さなければならない。
5．悪口を言ったり，非難してはいけない。

解決の方法　一般に，グループのメンバーは，第一の島の上で湿原車に乗り込

み，それを回転させながら次の島に前進していく。1人か2人のメンバーがマシーンから降りて第二の島に立ち，それからスタート地点の方向にマシーンを送りだす。グループが移動を急ぎすぎたり，十分に注意していなかったりすると，湿原車はわきの方にそれてしまう。グループは，行き来を繰り返す際に，マジックテープがしっかり締まっているかどうか，注意を払っていなければならない。移動が終わるごとに，マジックテープを点検する。

　チャレンジが完了に近づいたら，グループは，取り残されるメンバーがでないように，往復の回数を計算しておく必要がある。グループは，他のチームメイトを迎えに行くためにマシーンに乗って戻らなければならないという課題にどのように対処するかを考えながら，第二の島をめざす必要がある。

　課題の終了　グループのメンバー全員が，湿原車を岸に停留させて，第二の島の上に立つことができたとき，この課題は終了である。

　バリエーション　たとえば，「嵐が近づいてきている，…あなたのグループは10分で反対の岸まで安全に移動しなければならない」といったストーリーを設定することができる。また，4人より少ない人数で湿地帯を移動するように指定することもできる。

　ここで説明したようなマット（USCで製造されている30cm幅の区切りのついたマット）がなければ，標準的なマットをつなぐこともできるが，その際にはマジックテープ（あるいはガムテープ）でうまくつなげる必要がある。

> 仲間づくり運動は，強力な人と人の関わり合いと，質の高い活動を生み出す。
> 仲間づくり運動は，1人ひとりの尊厳を大切にする。
> 仲間づくり運動は，探究心，創造的な表現，積極的な冒険心を育てるような挑戦的環境をつくりだす。
> 仲間づくり運動は，互いに尊敬しあうこと，思いやりのある仲間関係，そして個々人の違いを受け入れることを学ばせる。
> このようにして，仲間づくり運動は1人ひとりの成長に積極的に働きかける。
> 　　　　　　　　　　　　　　ホワイト・ベア・レーク・スクールの哲学
> 　　　　　　　　　　　　　　　　　　ホワイト・ベア・レーク，MN

中級チャレンジ

第4章

チームメイトに褒美を与えなさい。よくできた仕事に対して賞賛、承認あるいは特権を与えなさい。もっと大きな責任を与えるのもよい。悪いところではなく、よいところに着目して、その点を強調するようにしよう。

14 激流に架ける橋

　激流に架ける橋とは，4本の自動車タイヤ，2.4mの板2枚，そして2本のロープを使って川を渡るチャレンジである。その解決には，グループ全員が欠くことができない役割を果たす。このチャレンジは知的には難しくないが，身体的困難を伴うチャレンジである。

　おこない方　全員が，体育館の端（岸）から端まで，床（川）に触れないように移動する。バスケットボールのコートの長さが適している。グループはすべての用具を向こう岸に運ばなければならない。

　成功の基準　全員がルールを破らずに，すべての用具をもって川を渡ったとき，課題は終了する。

　用　具　自動車のタイヤ4本（大きいタイヤは使いにくい）。長さ2.4m，幅10cm，厚さ5cmの板2枚。なわ2本（2.4～4.3mの物干し用のロープ）が最もよい。

　場の設定　スタートラインと終了ラインをはっきり描く。そして，壁や障害

図1　可動橋をつくる

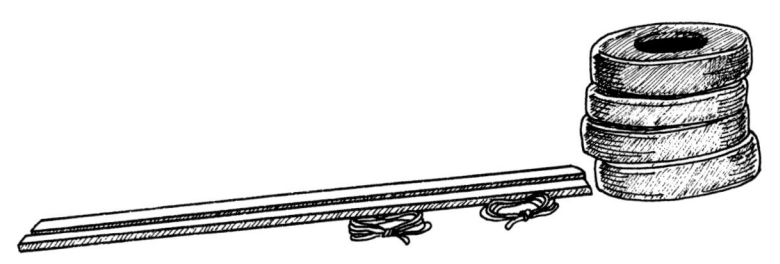

図2 用具

物のないまっすぐなスペース（体育館の長さ）を使う。

　グループは，板を利用してタイヤとタイヤの間を埋め，移動できる橋をつくる。タイヤの1本は，用具を前方に移すときに立つための島として使用する場合が多い。なわはタイヤや板に結びつけ，それらの用具を引き寄せるために用いられる。

〈安全上の留意点〉

　板を安全に移動させるようにしなければならない。まず，板がチームメイトに当たったりしないように注意深く取り扱う必要がある。また，板の端に乗ったときに，板が跳ね上がったりしないように注意する必要がある。

ルールと罰則

1．グループのメンバーは川（床）に触れてはいけない。
2．板の一方の端が川にあるときは，メンバーは板に乗ってはいけない（板がたわんで，床に触れるのはよい）。
3．ルールを破ったら，グループは橋をスタートラインに戻し，やり直さなければならない。
4．姓で呼んだり，非難してはいけない。

解決の方法　この課題の解決方法として，ほとんどのグループが1つの基本的なパターンを用いるようである。つまり，グループは移動できる橋をつくろうとする。図1にみるように，グループが進むときには，タイヤと板を前方に進める。メンバーはタイヤ上の空間を分け合って乗らなければならない。

　グループのメンバーは，チャレンジしている間，うまくバランスをとったり，チームメイトにつかまったり，チームメイトを補助し合ったりすることが必要である。一貫してチームメイトが互いに助け合う以外に，課題を解決する方法はない。また，グループは，どのように用具を渡すかについて情報を交換する必要がある。タイヤ

をだれが受け取るかを考えずに転がしてしまうと，タイヤはコースを外れ，回り道することになる。あるグループは足をタイヤの内側に入れて，タイヤごとジャンプして移動しようとする（難しいが不可能ではない）。ほとんどのグループは，数人のメンバーが1つのタイヤの上に乗ってバランスをとるのは難しいことに気づくであろう。やり直しのペナルティーが科されるような過ちが，何回も生じるのはごく普通のことである。

課題の終了　グループが与えられたすべての用具をもって川を渡り，図3のような状態になったときに成功したことになる。教師は，川を渡りきることに加えて，制限時間を設けてもよい。グループのメンバーがチャレンジを終えたら，次のグループが使えるように用具をスタート位置に戻す。

バリエーション　小さいタイヤ（28〜30cmのボートトレイラーのタイヤ）を用いると，上に乗るときに過密になるので，バランスをとるのが難しくなる。また，迂回したり，乗り越えたり，くぐったりしなければならない障害物（コーン，平均台，平行棒）を川に置いてもよい。怪我をしたメンバーを救助することを想定して，フットボールのブロッキングにつかう人形などを運ばせる方法もある。

図3　成功の様子

15 人間掲示板

　このチャレンジでは，グループが体で文字を形づくるためにネットにぶら下がる。1つひとつの文字をつくっているときは，グループのメンバー全員がネット上にいなければならない。

おこない方　文字（一般に大文字）のリストが与えられ，グループはその中から文字を選択する。教師によって文字の完成が承認されたら，次の文字をつくる前に，全員が一度ネットから降りなければならない。紙の上で構想を立てさせ，メンバーの1人ひとりが文字のどの部分をつくるか，あらかじめ割り当てておくとよい。

成功の基準　グループのメンバー全員で，教師によって与えられた12文字のうち8文字を選んで形をつくる。チャレンジは，8文字が完成したときに終了する。すべての文字はネット上でつくられなければならない。

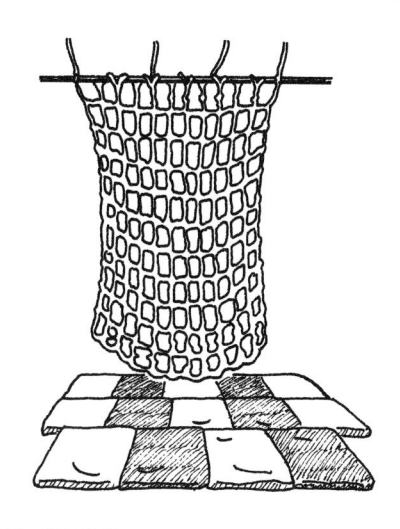

図4　チャレンジの様子　　図5　場の設定

第4章 中級チャレンジ

用具 吊り下げた積荷用ネット，安全のためにネットの下に敷くマットか安全マット（2〜4枚），選択される文字リスト，そして計画を立てるための紙と鉛筆が必要である。

場の設定 ネットの下全体が安全になるよう，十分な数のマットを敷く。何枚のマットを使うかはネットと床の大きさによって決まる。ネットに登る前に，文字リストと構想を立てるための紙と鉛筆を配る。

グループのメンバーは，最初につくりやすい文字を選ぶことが多い。やさしい文字は彼らをやる気にさせる。いつも一番上に登りたがるメンバーもいるが，これはすべてのチームメイトに適しているとはいえない。チャレンジが進行するにつれて，疲れすぎている生徒がいないか，注意を払う必要がある。高いところを怖がるメンバーは，ネットの下の方に残すようにする。文字が完成したと承認されれば，次の文字をつくる前に，文字リストからその文字を消去する。

ルールと罰則

1．全員が床から離れ，ネット上にいなければならない。
2．全員がネットの同じ面にいなければならない。
3．新しい文字をつくる前に，全員が一度ネットから降りなければならない。
4．全員がチームメイトをファーストネームで呼ばなければならない。

解決の方法 このチャレンジを解決するために，メンバーは，体が文字の一部になるようにネット上でポーズをとらなければならない（図4参照）。メンバーは，斜め，水平，垂直のポジションをとることになる。たとえば，図のように7人で「H」をつくるときには，3人の生徒が垂直の線を両側につくり，1人の生徒が真ん中に水平線をつくる。まっすぐな線でできている文字（E，F，H，L，T）はつくりやすい。文字を完成させる直前まで1人が床に残るのはよい方法である。その者がネット上のチームメイトの配置を直したり，よりよい形をつくったりするように指示するためである。

課題の終了 グループによる文字づくりは，教師が与えた12文字のうち8文字を選んで，そのすべてをつくり終えたときに終了する。そのあと，グループのメンバーはネットの下のマットに降りて，互いに讃え合うことだろう。

バリエーション このチャレンジのバリエーションは，利用できる用具と空間によって決まる。ネットに7～8人のグループが収まらないようであれば，両面に登らせてもよい。もしネットがなければ，マットを用いて平面上でこの活動の変型を行うことができる。体育館に肋木があればそれを代用することができる。ネットが小さかったり，肋木が低かったりするときは，1つの大きな文字ではなく，小さな同じ文字を2つ作成させるとよい。その際，ルール1については緩和し，文字の下部をつくるメンバーは床に触れてもよいことにすればよい。

　小文字や数字を入れたリストをつくったり，8文字より少ない文字数にしたりしてもよい。また，グループに文字をデザインさせ，ネットの上でそれをつくらせるやり方もある。いずれの場合も，教師の要求や，用いることのできる施設や用具に合わせて修正することになる。

　人間掲示板の変形として，「空中絵画」がある。このチャレンジは，文字でなく形をつくるものであるが，人間掲示板と似たようなものである。教師は，自分で形のリストをつくることができるし，美術の授業などで扱った作品を使うこともできる。また，生徒に自分たちのオリジナルな形をつくらせたりすることもできる。特に，自分たちの形をつくることに大変やる気を起こすグループがいることであろう。

　このチャレンジの特性から，ネットに登っている間に，チームメイトの手を踏みつける危険がある。危険を回避するために，位置を変えるときには十分注意を払い，メンバー間のコミュニケーションを絶えずとるようにすることが大切である。一般に，このチャレンジは紙上で考えるときにはやさしそうに思えるが，ネット上で行うとかなり難しい。直線はまっすぐにみえるように，カーブのある文字は曲がってみえるように，工夫させる必要がある。

> まず目標を見つけることに関心を向け，次にそれを達成することに集中せよ！
>
> ミリタリー・コーネル

16 ジャンピングマシーン

　ジャンピングマシーンは，回わっている綱引き用のロープをグループ全員で連続10回跳ぶチャレンジである。

おこない方　綱引きロープをなわ跳びのように回すメンバーを2人選ぶ。その他のメンバーは，連続10回跳びにチャレンジする。なわを回わす人を除いたグループ全員が同時になわを跳ばなければならない。跳ぶ人が休みたいときは，回わす人と交代する。

成功の基準　ジャンプしているときにミスをしたり，なわを止めたりしないで，グループ全員で連続10回跳べたとき，チャレンジを達成したことになる。

用　具　長い綱引き用のロープ1本と，ロープを安全に回わすのに十分なスペースが必要である。綱引きロープが長いので，バスケットボールのコートの半分は必要であろう。綱引きのロープがなければ，2本の跳びなわをより合わせて使用する。ロープがたくさんあるなら，2～3本のロープを太くより合わせて，7.5～9.0mの長さがあるロープをつくってもよい。

場の設定　多くのグループが，これは簡単なチャレンジだと思うであろう。確かに，あるグループにとっては簡単である。しかし，成功するためには，回転するなわにメンバーがどのように入ったらよいか計画する必要があるし，おそらく，

図6　チャレンジの様子

グループのメンバーの何人かは，重いなわを回わす練習が必要であろう。うまく回わせなければ，うまく跳ぶことができない。なわの重さと長さが通常以上であるが，それでもなわが高い弧を描くように回わす必要がある。そのように回わすためには，回わす人は，上半身の力をうまく使う必要がある。なわを回わす人は，なわの端をもつ必要はない。なわを試しに回わしてみて，一番よい手の位置をみつけるべきである。なわの長さよりもなわの重さが，このチャレンジに難しさを加える。

> **ルールと罰則**

1．なわの両端に回わす人が1人ずつ立つ。その他の人は全員なわを跳ぶ。
2．跳躍が連続している場合にカウントされる。
3．なわは，跳ぶ人の頭の上と足の下を通らなければならない。
4．失敗したら，跳ぶ人はやり直さなければならない。
5．なわの末端をもって回わす必要はない。
6．チームメイトは仲間をファーストネームで呼び合う。

> **解決の方法**

一般に，このチャレンジには2つの解決方法がある。1つは，跳ぶ人が互いに近づいて縦になってまっすぐに並び（30～60cm 離れる），合図で，全員が同時に跳びはじめる方法である（図6参照）。2つ目の方法は，跳ぶ人が一度に1人か2人跳んでなわの中に入る。この方法では，チーム全員がなわに入り込むまではカウントしない。なわを回わす人が疲れたり，回わすのが困難な場合は，チームの仲間が交代できる。新しく回わす人が引き継ぐときには，練習する機会をもつとよい。

このチャレンジにグループがすぐに成功するのはまれであろう。繰り返し失敗するので，なわを回わすスピードを緩め，スローモーションのようにして，越えやすくするようなグループがよくみられる。しかし，なわは一定のペースで回わすように指定すべきである。

> **課題の終了**

このチャレンジは，グループが連続10回跳べたら終了する。グループは大きな声で数を数え，仲間が自分たちの状態がいつも分かるようにする。声を出して数を数えればうそをつけないので，教師は生徒達を信頼でき，グループを監視する必要もなくなる。

> **バリエーション**

2本の長い跳びなわを結んで1本の特大の長なわをつくった場合は，なわを回わす人になわの端をもたせるようにして，このチャレンジをより難し

いものにするとよい。物干し用のロープが入手できるようなら（これはたいてい金物屋で購入できる），それを7.5〜9.0mに切って，なわにするとよい（物干し用のロープは，たいてい一巻き30mで売られている）。

グループの人数が7人以下なら，チャレンジはやさしすぎる。そのような場合，少人数でやるよりも，2つのグループを1つにしてやるほうがよい。

跳ぶ人の足がなわに引っかかって倒れないように気をつける必要がある。もっと安心できるようにしたければ，マットの上で跳ばせるようにするとよい。また，跳ぶ人の頭になわが当たる可能性があるので，注意深くなわを回わすように指示すべきである。

図7　用具

> あなたの大志をあなどるような人には近づかないことだ。小さな人間は常に大志をあなどるものである。真に偉大な者は，自分もまた偉大な人物になれるのではないかと感じさせてくれるものだ。
>
> マーク・トウェイン

> チームワークとは，ものごとについて多様な考えをもてる能力を意味する。それは，自分たちの信じることを主張したり，提言したりする能力のことである。しかし，最終的には，チームにとって最善と思われる方針に合わせて行動する能力を意味する。
>
> トム・ランドリー

17 流砂越え

　流砂越えは，かなり難しいチャレンジの1つである。グループは，吊り下げられたネットを揺らして，スタートライン（陸）からもう一方のライン（陸）まで渡る。このチャレンジは一見簡単で楽しそうにみえるが，周到な計画がなければ必ず失敗するであろう。

おこない方　流砂を越えるためにネットを揺らして使い，グループのメンバーはスタートラインとゴールラインで仕切られている空間を渡る。通常は，最初に渡る人が流砂を越えてしまうと，グループは長いなわを使って陸の方にネットを引っ張る。最初に渡る人は，ネットから陸のマットの上へ跳び降りなければならない。そのため，スタートラインとゴールラインまでの距離が重要なポイントになる。グループのメンバーが遠くまで跳ぼうとすると，ネットに足がとられてしまうであろう。
　残っている他のメンバーは，チームワークを創造的に発揮して，流砂を越えるよ

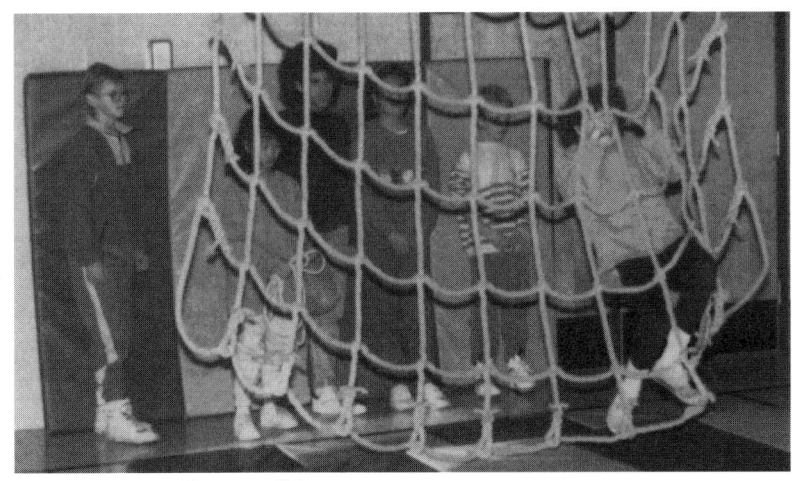

図8　ネットにとび乗っている様子

うにする。

成功の基準　このチャレンジは，グループのメンバー全員が流砂を渡って，陸の上にあるマットの上に立ったときに終わる。グループのメンバーは，流砂を渡るためにネットを使わなければならない。

用　具　吊り下げられた荷物用のネット（図10参照），1本の長いロープ，そして少なくとも4枚のマットが必要である。

場の設定　ネットは，吊り下げたときに床に触れるようにする。これを調節することは簡単であろう。スタート地点に長いロープを置く（吊りひもがよい）。ネットを動かないように吊り下げ，そのネットから1.3〜1.9m離してスタートラインを引く。テープを使ってスタートラインを引く場合は，線の長さを少なくとも6mにする。

スタートラインの反対側の，ネットから2.4〜3.0m離れたところにゴールラインを引く。このラインはスタートラインと平行にし，長さもそろえる。マットの端をスタートラインに近づけるようにして敷くとよい。また，安全な着地を保障するために，ネットの下にもマットを敷く。

スタートラインとゴールラインの間の距離は，ネットの大きさや，教師の判断によって決める。上記の距離は例としてあげたものであり，このチャレンジを行う前に，それが適切であるかどうか試していただきたい。

ネットを壁際に吊り下げる場合は，グループのメンバーがネット上で揺れても大

図9　流砂を渡るチームメイトを引っ張る　　　図10　場の設定

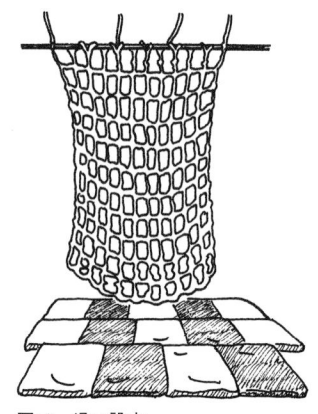

丈夫なように，安全マットを壁際に立てかけるようにする。

> **ルールと罰則**

1．スタートラインとゴールラインの間にある区域が流砂である。
2．グループのメンバーが流砂（床またはマット）に触ったら，触った人と流砂を渡りきった1人が，はじめからやり直さなければならない。
3．流砂を渡りきり，陸に立っているグループのメンバーがゴールラインを越えて，流砂に踏み込んでしまったら，その人とすでに渡っているもう1人がはじめからやり直さなければならない。
4．姓で呼んだり，非難してはいけない。

> **解決の方法**　グループは，通常，ネットを自分たちで操作できるようにすることからチャレンジを開始する。図8にみるように，はじめの人は，スタートラインからジャンプしてネットに跳びつく場合が多い。この人がネットを揺らして，陸にいる他のメンバーがネットに手を伸ばし，自分たちの方にネットを引っ張るようにする。いったんネットをコントロールすることができれば，そのネットにロープを結びつけることができる（しかし，すべてのグループがすぐにロープを使いだすわけではない）。ロープは，ネットを揺らしたり，引き寄せたりするために使われる。

　はじめの人に流砂を渡らせることが，この課題の一番難しいところである。したがって，ロープをどこに取りつけるかが重要なポイントになる。ロープを高く結ぶよりも低く結んだ方がよく動かせる。ネットの中央で結ぶよりもネットの片側に結んだ方がよく動かせる。グループのメンバーは，ネットの真ん中で活動するよりも，ネットの端で活動した方がよりうまく揺らすことができる。流砂をうまく渡った最初の人は，ネットに結ばれたロープをつかみ，ゴールラインの方に引き寄せる。他のメンバーはネットに

図11　成功の様子

跳びのり，流砂を越えられるように引っ張ってもらい，陸に跳び降りる（図9参照）。

ネットから降りたメンバーは，流砂に足を踏み入れないように気をつける（入ればペナルティー）。無事に流砂を渡ったメンバーは，常に陸の上にあるマットを流砂から離しておくように調節する。マットがゴールラインを越えたところへずれてしまった場合，ずれたマットの上に立てば，流砂の中にいるとみなされる。

多くのメンバーが渡ってしまうと，残された人を引っ張って渡すことは比較的簡単になる。グループのメンバーは，チームメイトがネットから降りるのを助けることもできる。このチャレンジは，取りかかりは難しいが，何人かのメンバーが流砂を渡ってしまえば，うまくいく可能性が大きくなる。

〈ヒント〉

ペナルティーが科された場合は，上手に渡れた人をスタートラインに戻すようにする。

課題の終了　全員が流砂を渡ったときに，グループはゴールラインにかからないように陸の上に立ち，図11のように，「やったー」と声をあげる。教師が成功を認めたあと，グループのメンバーが互いに讃え合う。次のチャレンジをはじめる前に，ネットを結んだロープを解き，スタート地点に戻す。

バリエーション　両方のラインとネットの間の距離を決定するためには，実際に試してみる必要がある。ネットは，きつく引いたときにちょうどゴールラインにかかるようにする。こうすることで，最初に渡る人を除けば，ネットからゴールラインへ跳び移らなくても，ゆっくりネットから離れることができる。

ネットが床に触れてしまい，揺らすのが困難なら，もう1本ロープを使ってネットに結びつけ，床からもち上げるようにする。

このチャレンジを変化させるには，スタートラインとゴールラインの距離を調節することである。距離を広くするとかなり挑戦的になるので，グループのメンバーが安全に活動できるように気をつける必要がある。

18 ジャングルのターザン

　ジャングルのターザンは，生徒を興奮させるチャレンジである。ロープにぶら下がって揺れることは，突然学校が休みになったと同じくらい生徒を興奮させるかもしれない。生徒たちは，崖から崖（マットや跳び箱）へと，クライミングロープを使って渡ろうする。グループはこのはなれ業を床に触れないようにして成し遂げる。

　おこない方　グループは，崖Ⅰの上に立って開始する。この崖は，跳び箱でも積み重ねたマットでもよい。マット（2つ折りにしたもの）を用いるときは，4〜5枚分の高さに積む。吊り下げるつるとして，クライミングロープを少なくとも3本用意する。グループのメンバーは沼地，谷間，峡谷などを渡り，4番目に，崖Ⅰと同じような崖Ⅱまで振動して渡る。グループのメンバーはロープからロープへ渡り，床に触れないようにして，崖Ⅱに辿りつくようにする。崖Ⅱについたら，崖の上から，2つのタイヤのうち1つに乗り移って，チームメイトを助ける。グループのメンバーが振幅して渡る距離は，ロープの位置やロープから崖までの距離によ

図12　スタートの様子　　　図13　成功の様子

って変わる。

成功の基準 このチャレンジは，グループのメンバー全員が床に触れないで崖Ⅰから崖Ⅱへロープを振幅させて渡ることができたときに完了する。

用具 3本以上のクライミングロープ，安全のために床に敷くマット，1つの崖につき跳び箱1台か4～5枚のマット，そして自動車のタイヤ2本が必要である。

場の設定 グループのメンバーが立ったり，ぶら下がったりする床を覆うため，マットを端から端まで並べることからはじめる。ロープの近くに，跳び箱1台かマットで崖Ⅰをつくる。崖Ⅱは最後のロープのうしろに，崖Ⅰと同じようにしてつくる。崖とロープの間の距離は，ロープの設置位置や，ロープが壁にどのくらい近いか，また，生徒が安全にぶら下がって渡れる距離によって決定される。2つの自動車タイヤを崖Ⅱの後方に設置する。これらのタイヤは生徒が床に触れない限り動かすことができる。この課題は，壁に最も近いところから開けたスペースの方向に移っていくようにして実施すべきである（図15参照）。

ルールと罰則

1．グループのメンバーの1人が崖の間の床に触れたら，その人と崖Ⅱまで渡っている1人が，最初の位置に戻らなければならない。
2．グループのメンバーの1人が，活動中に崖から落ちてしまったら，その人とうまく渡れた1人が，最初に位置に戻らなければならない。

図14　チャレンジの様子

図15　場の設定

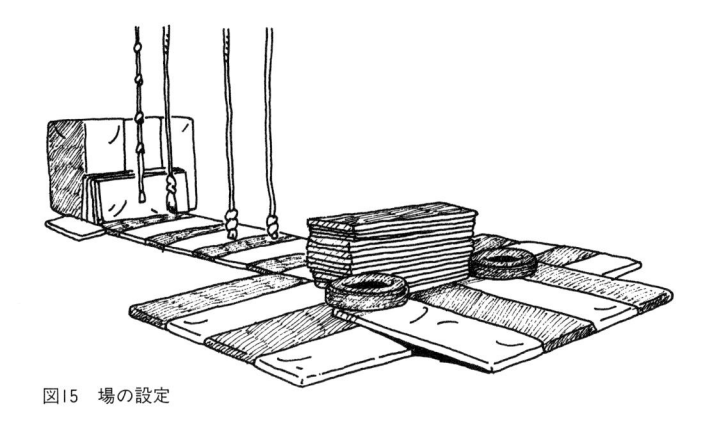

3．チームメイトがタイヤの上に立ち，崖Ⅱを支えたり，他のメンバーを補助してもよい。
4．姓で呼んだり，非難してはいけない。違反した場合は，その人とうまく渡れた1人が崖Ⅰに戻らなければならない。

解決の方法　このチャレンジをはじめるときには，全員が図12のように崖の上に立つ。最初にトライするメンバーはロープをつかむために，ジャンプするか，体を大きく前傾させたりしなければならないであろう。最初のロープと崖Ⅰの間の距離によって，ロープをつかむ難しさが決まる。

　最初のメンバーは，ロープⅠからロープⅡにぶら下がって移動し，崖Ⅰで待っているメンバーたちのところへロープⅠを戻す。チームメイトは，崖Ⅱに到着できるように互いに協力する必要がある（図14参照）。メンバーは，崖Ⅱがひっくり返ったり，ばらばらにならないように，崖Ⅱをしっかり支える必要がある。メンバーは，タイヤの上に立つことができるので，崖Ⅱの上に降りる人に広い場所が確保できる。メンバーは，どのようにして助けるか，崖Ⅱをどのように支えるか，ロープをどのように渡したらよいか，崖から落ちないようにどのようにバランスをとったらよいか，これらについて計画を立てる必要がある。

課題の終了　すべてのグループのメンバーが崖Ⅱの上に立ったとき，この課題は終了する。

バリエーション　ロープが2本しかない場合，2本を使ってチャレンジを試みればよい。もちろん3本のロープより少ない方が課題は簡単になり，容易に達成できる。

ロープが遠く離れている場合や，低学年の生徒のためにもう少しやさしくしたいと思う場合には，より簡単に到着できるように，空いているスペースにいくつかの余分なタイヤを置くとよい。指導者はこれらのタイヤに一度に立てるチームメイトの数を制限することができる。ともあれ，タイヤを置くだけで，グループのメンバーが仲間を成功させるために一層密接に協力し合うようになるものである。また，タイヤの大きさを調整することができる。小さいタイヤ（ボートトレーラーのタイヤ）は，大きなタイヤよりバランスをとるのが難しくなる。

またロープの下を結び，コブをつくっておかないと，ぶら下がるのが難しくなる。うまくぶら下がったり，振幅することができない場合には，この課題を緩和するために，休憩したりバランスをとったりする場所として，床に1つか2つのタイヤを置くのもよい。

さらに安全に注意する。グループのメンバーが振幅して壁の方に行ったり，崖から落ちたりしないようにする。メンバーが振幅して崖の上に着いたときに，チームメイトにぶつかって，崖から落ちたりしないように注意する必要がある。ロープからロープへ移るときには，床に落ちないようにしっかりロープを握ることに集中させる。

　　　　　　　　　　勝利するチームは，明確な目標と集中力をもっている。成功するチームは失敗から多くを学びとる。

　　　　　　　　　　　　　　　　　　　　　　　　　　　グローバー＆ミドラ

　　　　　　　　　　君は耕作人でいることもできるし，日雇い労働者でいることもできる。
　　　　　　　　　　思い出してくれ。耕作人にははじめから決められた目的があり，あらゆる方法を用いて全力を尽くしている。彼らは，すべての点で自分に与えられた役割を真剣に果たそうとするだろう。

　　　　　　　　　　　　　　　　　　　　　　　　　　　　　　　　作者不明

19 壁登りⅡ

　壁登りⅡは，よい映画や演劇の続編のようなものである。このチャレンジは先に示した壁登りⅠの発展である。壁登りⅡは，先の課題よりもずっと難しく，高学年の生徒にやる気を起こさせるように計画されている。しかし，この活動は6年生以上の生徒にとってはそれほど難しいものではない。壁登りⅡは，壁登りⅠと同様に，壁に登ることが課題になるが，多くの興奮や楽しみを生み出す活動である。

　おこない方　グループは，全員をどのようにして壁を登らせるか，越えさせるかを計画しなければならない。特に体の大きなチームメイトや，最後のチームメイトをどのように登らせるかについて，周到に計画しなければならない。このチャレンジで用いる壁は，壁登りⅠよりも高く広くすべきだが，安全につくる必要がある。また，安全にチャレンジするためには，チームメイトの完璧な協力が必要である。

　成功の基準　このチャレンジは，グループが壁を越えたときに達成される。グループのメンバーは，壁を登るとき以外はマットの上にいなければならない。

　用　具　3枚の厚い大きな安全マットか，1.8～2.0mの高さに積み重ねたマット（マットは2つ折にする）が必要である。安全マットの下に敷く2枚以上のマットが必要になる（図18参照）。ラインテープで活動場所を2つに分ける（壁

図16　チャレンジの様子　　　　　図17　チャレンジの様子

の手前側と向こう側を区分する)。

場の設定　このチャレンジのためには，4.6m四方の空間が必要である。まず床の上にマット2枚を並べて敷く。次に，その中央に安全マットを重ね合わせて壁をつくる。安全マットが手に入らない場合は，折りたたんだマットを積み重ねて壁にすればよい。積み重ねる方向は交互にして，できるだけしっかり積み上げる。また，積み上げたマットをひもや跳びなわでしっかり縛りつける。活動の場は，壁面や他の固定施設の近くに設定しない。

ルールと罰則　壁登りⅡは，壁登りⅠと同じではないので，グループのメンバーにこのルールを学ばせ，しっかりとその違いを理解させる。そして，十分理解しているかどうか，注意深く彼らの行動を見守る必要がある。

1．生徒は，安全マットの把っ手や縛りつけたひもをつかんではいけない。
2．活動場所を区分しているラインを超えてはいけない。
3．グループのメンバーはいったん壁から降りてしまうと，チームメイトを助けるために再び壁の上に戻ることはできない。
4．グループのメンバーは，壁の上にいるとき以外は，必ずマットの上にいなければならない。また，マットのわきの床には絶対触れてはいけない。
5．ルールが破られたら，失敗した人と壁を越えた1人が，最初からやり直さなければならない。
6．姓で呼んだり，非難してはいけない。

解決の方法　生徒が自分でジャンプして壁の上をつかもうとするのはよくあることである。そのような方法で解決するのではなく，グループで協力して壁の上に

図18　場の設定

登る方法を計画する必要がある。活動の間，グループのメンバーは，マットの上にいなければならないので，助走して登ることはできない。最初の人をもち上げ，壁の上に登らせるいくつかの方法がある（図16参照）。しかし，適切なコミュニケーションがとれないと，最初の人が壁を越えて床まで行ってしまうことがよくある。壁登りIIでは，グループのメンバーがいったん壁から降りてしまうと，チームメイトを助けるために壁の上に戻ることができなかったことを思い出すべきである。壁の上に登るのを互いに手伝っているとき，生徒たちを注意深く見守っている必要がある。壁の上に人がたくさん残りすぎると，壁の上が重くなりすぎて，傾いたり，ひっくり返ってしまう。一度に何人が壁の上にいられるかを決めておくのもよいだろう。また，グループは，互いに協力して壁から安全に降りる方法についても計画を立てる必要があろう。最後の人が壁を越えるのが一番難しいので，だれかがこの人を引き上げるために壁の上にとどまるようにする。また，最後に登る人や壁の上にいる人は，他のメンバーのサポートが必要である。再度強調していえば，安全性を確保するために，壁から降りるときにも必ず他のメンバーが助けなければならないようなルールを設定するとよい。

　また，チームメイトを助けるときに服を引っ張ってはいけないことに気づかせる。服が傷んだり，恥ずかしい思いをするようなことが起こってしまうためである。

課題の終了　グループメンバーの全員が壁を越え，反対側の床にあるマットに立ったときに，このチャレンジは終了する（図17参照）。

バリエーション　チームメンバーのそれぞれに運搬物を与え，投げたり，手渡ししたりしないで，壁の向こうまで運ぶようにさせることができるであろう。私たちは運搬物として，コーンやバスケットボール，さらにフットボールで用いるダミー人形を用いるようにしている。

20 激流渡り

　激流渡りはユニークなチャレンジである。これは，チームの知性，チームのコミュニケーション，チームの支援，そしてチームの競技的卓越さが要求される。チームは，川にある障害を避けて通るルートを計画して，激流を渡らなければならない。

　おこない方　体育館の長さに合わせていくつかの輪とベースを用意し，これらを川の中に適当な間隔に配置する。それぞれの輪には異なった色がついていて，色によって体のある部分で支えることができるように指定されている。激流渡りを適度に難しくする必要があるが，渡れないようにしてはいけない。コースに沿って，チームを困らせたり，妨げたりする障害物としてコーンを置くことができる。また，平均台を倒れた丸太として使い，それを跳び越えたり，くぐったりできるようにしてもよいが，その上に上がってはいけないようにする（図19参照）。川に障害物を設定すれば，チャレンジがより楽しいものになるだろう。チームメイトの互いの助けがなければ川を渡れないように，輪やベースの置き方を工夫すべきである。

　成功の基準　チームは，体育館の一方のラインからスタートし，落ちないように川を渡りきる。すべてのメンバーが体育館を横断し，ゴールラインを通過したときにチャレンジは完了したと判定する。

　用具　必要なものは，何色かの輪のセットと何枚かの屋内用ベースである。輪がなければ，色分けされたフラフープやロープを丸くして代用できる。川に障害物を置きたければ，平均台やコーンを加えるとよい。

　場の設定　このチャレンジを創造的にするのは，教師の想像力である。教師

図19　チャレンジの様子

は，川を横切る飛び石の道になるように，輪とベースを設置する。次の基準を設けて，飛び石の道を難しくする。
1．青い輪は1人以上の人が入れる安全な輪である。
2．赤い輪は危険である。だれも輪の中に入ることはできない。赤は危険を意味する。
3．ベースには，片足だけを置くことができる。他の体の部分はこのベースに触れることはできない。一度に1人だけベースに入ることができる。
4．黄色の輪には，2つの手を置くことができる。1人の両手か，2人の片方の手か，どちらかである。
5．白い輪は手を1つだけ置くことができる。この中に体の他の部分は触れてはいけない。

ルールと罰則
1．色のついた輪は，体のある部分しか触ることができないことをしっかり覚えておく。だれかが間違った姿勢で輪に入ってしまったら，その人は最初からやり直さなければならない。
2．輪の外の床に触れてしまったときは，川の中に落ちたことになり，その人は最初からやり直さなければならない。
3．チームメンバーを姓で呼んだり，プレッシャーをかけたり，非難した人は，最初からやり直さなければならない。

解決の方法 このチャレンジの解決方法は簡単である。ゆっくり進むこと，コミュニケーションをとること，最善のコースを選ぶこと，互いに助け合うことである。チームメイトがルールを忘れることがあるので，1人か2人の指示役を決めて，輪の色とベースのルールをコールする。

課題の終了 みんなが安全に正確に川を渡り，体育館のゴールラインのうしろに入れば，川は静まる。

バリエーション ここでは，私たちが好きなバリエーションをいくつか示しておく。
・横断する時間に制限を加える。嵐が来る前に10分でチームが渡れるようにチャレンジする。
・障害として平均台や（倒れた丸太）コーンを加える。
・川の途中に，クライミングロープでぶら下がって岩から岩へと渡らなければいけ

ないスペースを加える。その際には，ロープの下にはマットを敷くこと。
・輪から輪へ移動する際に，必然的に思い切スストレッチしたり，腕立て伏せをしなければならないようなような場面を設定する。重要なことは創造的であることだ。

コラム3

―体育授業と学級経営―

"体育の授業をみれば学級経営の状態がわかる"このように指摘する人が多い。広い空間で活発な身体活動を通して展開される体育授業では，子どもたちの学習の規律や仲間関係のよしあしがストレートに表面にあらわれるためである。果たして事実はどうであろうか。そのことを確かめるために，子どもの体育授業の態度評価と学級に対する態度評価の関係を分析したが，表にみるように，両者の間に有意な相関値が得られた。また，1単元学習した後で，体育授業への態度得点を向上させた児童群と，得点を高めることができなかったり，低下させた児童群に分けて，学級に対する態度得点の差異を分析したが，前者は有意に得点を高め，後者は有意に得点を下げた。体育授業は子どもに対して刺激の強い教科である。体育授業は「諸刃の剣」である。よい体育授業を行えば，学級生活に好影響をもたらし，よくない体育授業を行えば，悪影響をもたらす。チャレンジ運動は，学級生活の改善に好影響をもたらす可能性の高いプログラムであると考える。

表　単元おわりの体育授業評価と学級集団意識との関係

(n=49)

		雰囲気	活動性	学習意欲	人間関係	総合評価
総合評価		.736 ***	.426 **	.834 ***	.492 ***	.616 ***
	楽しさ	.772 ***	.416 **	.795 ***	.482 ***	.647 ***
	学び方	.679 ***	.470 ***	.726 ***	.548 ***	.646 ***
	技能	.609 ***	.383 **	.782 ***	.286 *	.458 ***
	態度	.592 ***	.189	.678 ***	.477 ***	.447 **

($*p<.05, **p<.01, ***p<.001$)

(筑波大学　高橋健夫, 愛媛大学　日野克博, 1999)

21 島からの脱出

　島からの脱出は，どの年齢層の人にも人気のあるチャレンジである。この課題は，島々（タイヤ）を通過しながら，広いオープンスペース（湖）を横断して移動することである。それぞれの島には，グループが使用できるいくつかの用具が置いてある。生徒は途中の島をとばさずに，島から島へ移動しなければならない。このチャレンジのユニークなところは，メンバーがそれぞれの島をでるときに，そこに置いてある用具を全て残しておかなければならないことである。まさに環境にやさしいチャレンジである。資源を使うことはよいが，決してそれらを乱用してはならない。

　おこない方　メンバーの全員が，湖に指定された空間を，個々の島に立ち寄りながら横断する。グループがチャレンジを完了したときには，1台のスクーターを除いて，すべての用具をそれぞれの島に残しておかなければならない。スクーターは，グループが湖の反対側に立ったときに，彼らのそばに置くようにする。島をとばして進んだり，間の島を空にしたり，またチームメイトが1人もいない空の島をつくった状態で，先に進んではいけない。

　成功の基準　この課題は，グループのメンバー全員が湖を横断できたときに完

図20　脱出の様子

了する。1台のスクーターだけ所持することが許される。残りの用具はすべて島（タイヤの中もしくは上）に置いてくる。

用具 島として使うタイヤ5つ，スクーター6台，跳びなわ5本，コーン5つ（できれば50cmのコーン）を用意する。おおよそバスケットボールのコートの長さで，3.0mから4.5m幅のスペースが必要である。

場の設定 タイヤを4.5mほど離してジグザグに配置する（図21参照）。それぞれのタイヤの中には跳びなわ1本，コーン1つ，スクーター1台を置いておく。スタートライン（湖の端）にはスクーターを1台置いておく。島と島の距離は，跳びなわの長さよりもやや広くなるようにする。スペースの広さに応じて島の数を減らしたり増やしたりする。

ルールと罰則

1．グループのメンバーが床に触れた場合は，その人に加えて，先に進んでいる1人がスタートに戻らなければならない。
2．メンバーが湖を横断したあとに反則が起こった場合は，スクーター1台をスタート地点まで戻さなければならない。
3．グループのメンバーが2つの島を進んでしまい，そのため他のメンバーとの間にだれもいない島ができてしまった場合は，先に進んだメンバーは他のメンバーが進む前に，島を1つ戻らなければならない。
4．タイヤは動かしてはいけない。
5．悪口を言ったり，非難してはいけない。

解決の方法 この課題に対する一般的な解決方法として，グループは，まずチームのメンバー1人を第一の島に送る。準備されたスクーターの上に最初の人が乗り，他のメンバーが注意しながら第一のタイヤのところまで押しだす。島につくと，その人は乗ってきたスクーターをグループのメンバーがいる岸の方に押し戻す。チームが2番目の人を送りだすとき，1番目の人は第一の島に置いてある跳びなわを使って，2番目の人がそれをつたいながら島に来ることができるように手助けする。

この時点で，グループは2つの事を同時に行うことになる。1つはスクーターをスタートラインに戻すことであり，もう1つは第一の島に渡った者が次の島に移動を開始することである。そしてチームが3番者の人を第一の島に送りだすときには，すでに第一の島についた2人のうちの1人（最初に島に着いたメンバー）が第二の

ゴールライン（岸）

島

各島においてあるもの
コーン1つ
スクーター1台
跳びなわ1本

4.5m

スタートライン
（湖岸）

スクーター

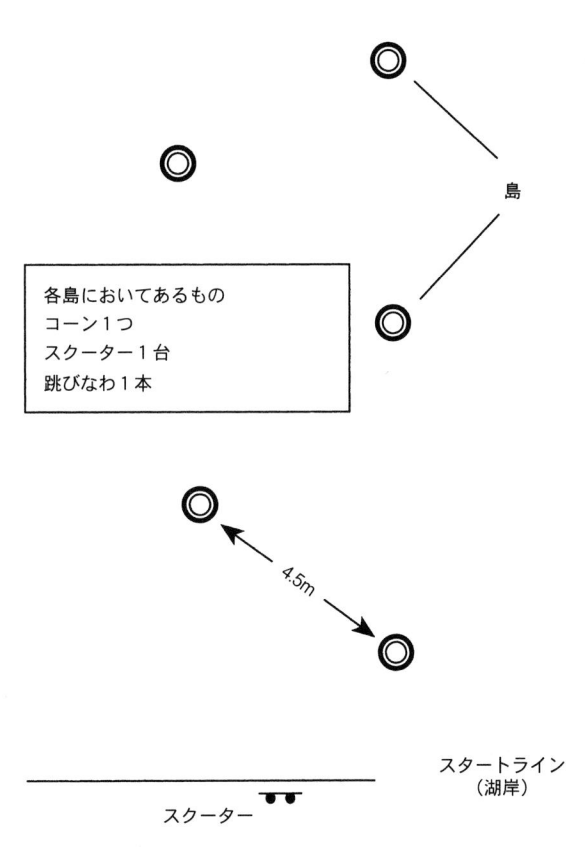

図21　場の設定

島に移動する作業を進めていることになる。

　グループのメンバーは必ずしも決まった順番で進む必要はない。しかし，島をとばして進むことや，メンバーとメンバーの間にだれもいない島をつくってはいけない。

　コーンはメンバーがバランスをとるために使用できる。また，次の島にスクーターを進めるためのオールとして利用できる。両足にコーンをはさんで，次の島までピョンピョンと跳びはねていった生徒を見たこともある。

移動しやすくするために2つのスクーターを連結することもできる。1つの島から別の島への移動はゆっくりしたものであるが，グループのメンバーの間できわめて多くの相互作用と助け合いが生じる。

課題の終了　このチャレンジはグループのメンバー全員がすべての島を経由して，無事に反対の岸に到着したとき完了する。そのとき，それぞれの島にはスクーター1台，コーン1つ，跳びなわ1本が残っていなければならない。

バリエーション　このチャレンジでは，特に応用と発展は必要としない。ただし，障害をもつ生徒に対しては，バリエーションが必要であり，そこではきわめて積極的相互作用が求められる。また，その場合には，スクーターを連結させて利用するとよい。

湖の横断に運搬物（たとえば，負傷したグループのメンバー）を加えることや，湖に障害物を設置して挑戦させてもよい。

コーンで跳びはねることをルールで禁止するのも1つの方法である。というのは，このやり方を許すと，グループのメンバーが互いの手助けなしで，独力で活動することを認めることになるからである。

> 自尊心がもっとも育ちやすいのは，子どもたちが努力や忍耐を経験でき，また技能，知識，適切な行動を少しずつ蓄積させていくようなしかたで自信や自己評価が経験できるような挑戦的機会をもつときである。
>
> つまづきへの対処のしかたを学ぶこと，そして忍耐と楽観的展望をもちつづけることは，子どもが成熟していく長い道のりの中で不可欠な経験である。これらは永続する自尊心を形成するための重要な基礎となる。
>
> オール・アバウト・ミー
> リリアン・カッツ

22 有毒廃棄物輸送

　有毒廃棄物輸送のチャレンジでは，直接手で触らないで有毒廃棄物とそれを収納したコンテナを，オープンスペースを横断して輸送する。グループは，有毒廃棄物がいっぱいになったバケツをロープを使いながら巧みに扱うことが求められる。

　おこない方　グループのメンバーは，18リットルのバケツを中心に円をつくる。このバケツには複数のロープが取りつけてある。各メンバーはロープの端をもつ。グループで協力しながらロープを操作して，バケツを出発点から終着点まで輸送する。ロープを操作することで，バケツの中身を別のコンテナに移し替える。有毒廃棄物をこぼすような漏洩事故が発生した場合は，グループから有毒廃棄物を処理する専門家を選ばなければならない。その人は防御服に着替え，こぼれた有毒廃棄物をもとのバケツに戻す。それから防御服を脱ぐ。このようにしてグループは再び輸送をつづける。漏洩事故のたびに，新しいグループのメンバーを有害廃棄物処理の専門家として選出しなければならない。

　成功の基準　グループがバケツの中身をすべて第二のコンテナに輸送できると，このチャレンジは完了する。

　用　具　有毒廃棄物を輸送するバケツをつくる必要がある。18リットル

図22　チャレンジの様子

のバケツを用意し、それに2.5mほどの長さのロープを、10〜12本とりつける。ドリルでバケツに穴をあけ、その穴にロープを通し、ロープの端にこぶをつくってとめておく。廃棄用に使う第二のバケツあるいは箱が必要である。また、特別の防護服を準備する。スノーモービルのスーツか作業服、長ぐつ、帽子もしくはヘルメット、大きめの手袋などがあればりっぱな防護服となる。マットやフープ、自転車のタイヤなどをそれぞれ2つずつ用意して、2つのコンテナの境界線をきわだたせるように演出してもよい。また、防御服を入れる箱や袋を用意してもよい。カラーテープを使用して、生徒が操作するロープの一部分に色をつけるとよい。たとえば、ロープの端を緑色のテープをつける。端から35cmのところは赤色のテープをつける。生徒はロープについているテープラインの間の部分だけ握ることができる。

　有害廃棄物については、発泡スチロール、ゴルフボール、あるいはプラスチック製のゴルフボールなどを、バケツにいっぱい入れておく（ただし、口のところまで一杯にする必要はない）。

▣ 場の設定 ▣　ロープを取りつけたバケツと有害廃棄物を、第二のコンテナから12〜15m離れた地点の床に置く。体育館の4分の3ほどの距離があれば十分である。グループがもち運ぶ防御服の袋を用意する。

▣ ルールと罰則 ▣

1. 有害廃棄物の入ったバケツが床に触れた場合、グループ全員がスタートからやり直さなければならない。
2. グループのメンバーが、防御服を着ていない状態で、バケツの有害廃棄物に触れた場合は、グループはスタートからやり直さなければならない。

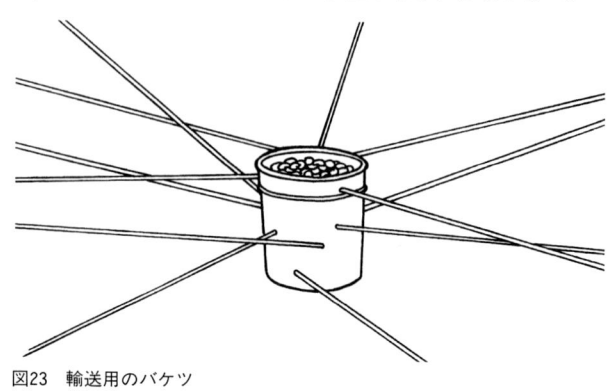

図23　輸送用のバケツ

3．グループのメンバーが，ロープのラインテープ間以外の部分に触れた場合，グループは再スタートしなければならない。
4．有害廃棄物処理の専門家がこぼれた中身を間違ったコンテナに入れてしまった場合，グループは再スタートしなければならない。
5．専門家が防御服をすべて脱ぐまでは，行動を再開することができない。罰則はスタート地点からのやり直しである。
6．悪口を言ったり，非難してはいけない。

解決の方法 この課題に対する解決方法は，基本的には1つである。しかし，それぞれのグループは，1つのチームとして成功をめざして奮闘しなければならない。グループのメンバーは，息を合わせて移動し，またロープを巧みに操作しながら，有害廃棄物用のコンテナの中身を注意深く輸送する（図22参照）。最初のコンテナの中身を，第二のコンテナに移し替えるときは，ゆっくりと注意しながら作業しなければならない。有害廃棄物の漏洩事故が起きた場合は，第一のコンテナが床に触れないように注意しなければならない。グループのメンバーの1人が，すばやく防御服を着て（他のメンバーはこれを手伝う），こぼれた有害廃棄物を片づけ，それを第一のコンテナの中に入れなければならない。それがすむと有害廃棄物処理の専門家は防御服を脱いでグループに合流し，輸送作業を再開する。別の漏洩事故が起きた場合は，そのたびに違うメンバーが有害廃棄物処理の専門家の仕事をしなければならない。

課題の終了 グループのメンバーが，輸送バケツにある中身を床の上に残さず，すべて第二のコンテナに輸送できたとき，この課題は完了する。

バリエーション グループが体勢を整えたり，有害廃棄物の専門家が片づけるまで待機したりする場所が必要であると思うなら，指定した領域の床（フラフープや自転車のタイヤの内側など）に待機し，輸送用バケツもそこに置かせるようにするとよい。

23 ムカデ歩きII

　ムカデ歩きIIでは，グループのメンバーは互いに力を合わせ，バランスを取りながら，指定されたスペースを横断しなければならない。グループは，限定された数の体の部分だけを床に接触させて移動する。大きなムカデのような生き物を，自分たちの体を使ってつくりあげる。

　グループのメンバーは，このチャレンジの間は，互いを背負ったり，もち上げたりする必要がある。最初のうちは大きな笑い声やくすくす笑いが生じるものである。しかし，しだいに力強さと知恵と協力を必要とする楽しいチャレンジになっていくであろう。

　できればグループに，指定したスペースを数回往復するように指示するとよい。また，指定したスペースを横断するたびに，ムカデの形を変えるようにさせるとよい。

　おこない方　チームは，床に接する体の部分がグループ全員で5箇所になるようにして，9mの距離を移動する。この場合のチャレンジは，7人のメンバーによ

図24　チャレンジの様子

るチームを想定している。床に接触できる体の部分の数は，メンバーの人数によって変更する。

成功の基準　チャレンジは，チームがスタート地点からゴール地点まで，指定された数の体の部分を使って，移動できたとき完了する。

用　具　用意するものは，レスリング場などに敷くマット，9mほどの通路，スタートラインやゴールラインを示すコーンとテープである。

場の設定　マットを端から端まで敷き，スタートラインとゴールラインを示すコーンをマットの上に設置する。このチャレンジは，グループがマットの上にいる限り危険ではない。グループがピラミッド（組体操のピラミッド）をつくって移動するのは，危険であるので禁止する。

ルールと罰則
1．床と体の接するポイントが規定された数を超えた場合，チーム全体がスタート地点まで戻らなければならない。
2．悪口を言ったり，非難してはいけない。

解決の方法　チームワークが，このチャレンジの解決の鍵である。グループは，移動する前に，各メンバーの筋力や柔軟性について話し合う必要がある。チームは，図24のように，協力しながらゆっくりと移動しなければならない。

課題の終了　チーム全体がゴールラインを通過したとき、そのグループの課題は完了する。

バリエーション　このチャレンジには，さまざまなバリエーションが考えられる。
・床に接触できるポイント数に含めないスクーターやカーペットを用いる。
・9mの通路に障害物を設ける。
・床と体の接するポイントの数を変える。年少のグループには，床と体の接するポイントの数を多くする。
・グループは，まずゴール地点まで，決められた体の接地ポイントの数で移動し，つづいて異なった数の接地ポイントで，スタート地点まで戻る。

24 難破船

　難破船のチャレンジでは，チームは海で沈没しかけた船の上で立ち往生している場面を想定している。船が沈んでしまう前に，岸まで戻れるような最善の方法を考えださなければならない。このチャレンジを実施するときには，さまざまな用具を使って，違った雰囲気を演出することができる。

　おこない方　グループのメンバーは，海の真中で座礁した船の上で脱出の準備にとりかかる。メンバー全員が，船から第一の島に移動し，そこにそろってから，第二の島に移動する。メンバー全員が第二の島に移ってからでなければ，岸をめざして移動することができない。

　成功の基準　このチャレンジは，グループのメンバー全員が座礁した船から無事に岸に移動できたとき完了する。

　用　具　用意するものは，バレーボール用の支柱3本，自動車のタイヤ3本，スクーター2台，ロープ（長さ6m以上）1本，および船1艘（折りたたんだ

図25　チャレンジの様子

マット2枚を並べたもの）である。

場の設定　バレーボールの支柱ごとに，自動車のタイヤを取りつけ（図26参照），支柱の下にタイヤを置くようにする。2本の支柱は島であり，第三の支柱は岸になる。船には，2つのスクーターとその上にある1本のロープ（引き綱）を装備している。

　バレーボールの支柱は，チャレンジが行われている間，動いたり，倒れたりしないようにする。その他の用具は，チームの仲間全員と一緒に船の上に置く。船は，第一の島から6〜9m離れたスタートラインのうしろに配置する。バレーボールの支柱（島）は，9m間隔に設置する。もちろん，島は，床の固定装置が取りつけられたような場所に設置するとよい。

ルールと罰則
1．グループのメンバー全員が，第一の島に移りきらない限り，第二の島に移動することはできない。
2．グループのメンバー全員が，第二の島に移りきらない限り，岸に移動することはできない。
3．グループのメンバーは，体のどの部分も水に触れることができない。
4．ルールに違反した場合は，ルールに違反した人に加えて，移動に成功した1人が，船に戻って再スタートしなければならない。
5．悪口を言ったり，非難してはいけない。

解決の方法　ほとんどのチームは，島から島に進むとき，図25のようにロープとスクーターを利用する。船の仲間は，メンバーが床に触れないように，スクーターから降りて島に上陸できるように手助けする。つづいて島の上でバランスをと

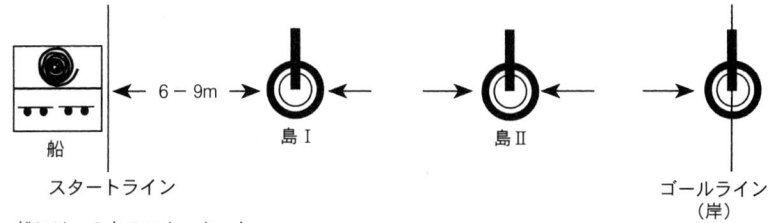

図26　場の設定

りながら，次の島への移動にとりかかる。

課題の終了 このチャレンジの終了は，タイヤとバレーボールの支柱を除いて，すべての船員と用具が岸に移されたときである。

バリエーション 以下のようなバリエーションが考えられる。

- 船から島，島から島，島から岸の距離は，利用する施設に合わせて変更する。
- 魚や宝物，食料，救命ジャケットのような小道具を輸送させることができる。
- 船員が岸につくまでの制限時間を設ける。
- チャレンジのタイムを計る。グループが再度チャレンジするときには，タイムの短縮を目標にさせる。
- 海の中に岩やサメ，浅瀬などの障害物を設ける。

1つの扉が閉まっていても，別の扉は開いているものだ。ところが，私たちは閉じた扉を長い時間じっと見つめているだけで，開いている扉に気づかないでいる場合が多い。

ヘレン・ケラー

自尊心を打ち砕くことは，それを築き上げることよりもはるかに簡単である。私たちは，あら探しをするのではなく，よいところを見つける人間になりたいものだ。

ザ・マスター・ティーチャー株式会社
マンハッタン・カンサス

25 ボール輸送

　ボール輸送では，指定されたエリアを通過し，バスケットボールのリングを通ってコンテナの中にバスケットボールを収納する。課題はそのための輸送システムをつくることである。グループのメンバーは，バスケットボールを手で扱わないようにして移動させる方法を工夫しなければならない。バスケットボールを操作するために，指定されたいくつかの用具を使用する。

おこない方　グループのメンバーは，2本1組にした棒を5組用いて，バスケットボールを輸送するためのコンベヤーをつくる。指定されたバスケットボールのリングをめざして，棒をつたわらせながらボールを移動させる。そのとき，棒を支えているメンバーの頭上を通過させるようにしなければならない。ボールが最後の組の棒を通過したときに，何人かのメンバーは，長めのプランジャー（排水管用の掃除用具）の上にボールを乗せて持ち上げるようにする。その際，ボールを支える

図27　チャレンジの様子

ために，短めのプランジャーを使用する。ボールは指定されたバスケットゴールの高さまで慎重に持ち上げ，リングの中に落とす。そして床に置いてある大きなコンテナの中に入れる。1個のボールをコンテナに入れることができたら，同じ手順で次のボールの輸送を行なう。

成功の基準　すべてのバスケットボールを輸送し，リングを通して大きなコンテナの中に入れることができたとき，この課題は完了する。

用　具　棒を5組（長さ2.4～3.0m），バスケットボールを3個，バスケットボールを置くためのリングを3個，短めのバスルーム用プランジャーを4本，1.5～1.8mのモップ用の棒にとりつけたプランジャーを1本，そして保管容器やゴミ入れなどの大きなコンテナを1つ用意する。棒は，直径2.5～4.0cm，長さ2.4～3mのパイプが望ましい。プランジャーは，ディスカウント店，製造直売店，機械設備店，材木店や回収業者店などで販売している。

場の設定　バスケットボールコート4分の3程度のスペースが必要である。3個のバスケットボールをそれぞれ輪（デッキテニス用の輪）の中に置く。この輪は，運ぼうとするバスケットゴールのある反対側のフリースローラインあたりに置くとよい。組みにした棒は，バスケットボールのコートの中央にバスケットゴールに向けて平行になるようにセットする（図28参照）。並べたポールの両端に，1本ずつ短めのプランジャー（2本）を置く。バスケットボールをゴールに運ぶための長いプランジャーは指定されたゴールの近くに置く。大きなコンテナーはバスケッ

大きな
コンテナ

柄の長いプランジャー

柄の短い
プランジャー

ポール
（2.4～3.0m）

リングの上に
置かれた
バスケットボール

柄の短い
プランジャー

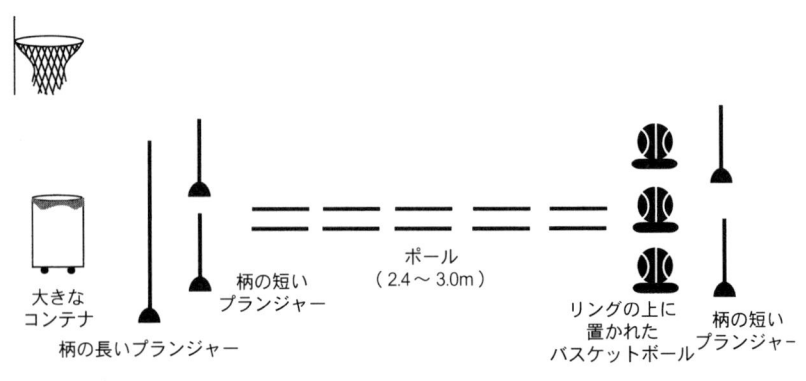

図28　場の設定

トの下に置く。

> **ルールと罰則**

1. ボールが床に触れた場合，グループは最初からスタートをやり直さなければならない。
2. ボールがグループのメンバーの体に触れた場合，ボールはスタートの位置に戻さなければならない。ただし，ボールは棒をもっている人の手の上を転がってもよい。
3. 1人のメンバーが，一度にもつことのできるプランジャーは，1本だけである。1人のメンバーが2本以上のプランジャーをもった場合，ボールを最初の位置に戻さなければならない。
4. ボールはバスケットボールのリングを通過して，大きなコンテナの中に入れなければならない。失敗した場合は，ボールは最初の位置に戻さなければならない。
5. 悪口を言ったり，非難してはいけない。

> **解決の方法**　もっとも一般的な解決方法は，まず2人のメンバーが短めのプランジャーでバスケットボールを持ち，1組目の棒のところまで運ぶ。棒をもっているメンバーは，立つこと，膝をつくこと，または床に横になることもできる。彼らは，ボールを棒につたわらせて転がし，次の組の棒まで運ぶ。プランジャーをもっている2人のメンバーは，ボールがポールの上をうまく転がるように誘導する。ボールは用意された5組の棒の上を移動させなければならない。

ボールが並べてあるポールの最端部に着くと，メンバーの1人が，長いプランジャーをもつ。他のメンバーは残りのプランジャーを使ってボールをもち上げ，長いプランジャーの上にのせる。それからグループでボールをバスケットボールのリングの方にゆっくりもち上げる。ボールはリングを通過して落とされ，指定の回収コンテナの中に収められる。そのとき，ボールがうまくコンテナの中に入るように，何人かのメンバーでコンテナを動かすようにする。

グループによっては，棒のもち方が多少変わることもある。1対のポールに2人が対応できるように，ペアで活動する。この場合，近接した棒にボールが移されると，一方の棒を高くし，他方の棒を低くしてボールを運ぶ。別の方法としては，何人かのメンバーが，異なる2組の棒の端と端を持ち，鉄道の線路のようにそれらを連結させることもできる。

ボールが1組目の棒から別の組の棒へと移動する間は，グループのメンバーは立った状態でも，膝をついた状態でも，また床に横たわった状態でもよい。

課題の終了 すべてのボールがバスケットボールのリングを通過して，うまく回収コンテナの中に入れることができたとき，この課題は完了する。

バリエーション グループが輸送しなければならないボールの数は，自由に決めればよい。しかし，3〜5個が適当である。ボールを何番目かの組から他の組の棒に転がすとき，立った状態でいなければならないように指定すれば，課題はより難しくなる。

あなたの要求に合わせて，もっと他のバリエーションを考えることができる。しかし，このチャレンジは，グループの協力と関わり合いが大いに必要であり，かなりの時間がかかるので，他のバリエーションは必ずしも必要としないであろう。

> グループのメンバー全員が大きな自信をもち，他のメンバーの能力を賞賛できるようになるとき，グループは1つのチームになる。
>
> 作者不明

第5章 上級チャレンジ

成功したかどうかは、勝ったか負けたかではわからない。たとえ思い通りにいかなくても、必ず何か成果があるものだ。大切なことは、自分が挑戦したということに自分自身が気分よくなれることだ。

26 ブラックホール

　ブラックホールは，身体的にも知的にも挑戦性のある課題である。くわえて，この課題を達成するには，信頼と共同の要素が極めて重要になる。このチャレンジは，グループのメンバーが，バレーボールの支柱の間に吊されたフラフープをくぐり抜けることである。メンバーはフラフープ（ブラックホール）に触れてはならないし，飛び込むことも許されない。このチャレンジは，グループのメンバーが互いに協力しなければ達成できないように設定されている。このチャレンジを達成することは容易ではないし，グループのメンバーが，一所懸命補助することが不可欠になる。これまで一緒に何かをしたことのないグループは，おそらくこのチャレンジの達成に求められる仲間づくりのスキルを身につけていないことであろう。

　おこない方　グループのメンバーは，フラフープの一方の側に立つ。そして，チャレンジに取り組んでいる間は，マットからはみ出ないようにする。グループのメンバーは，フラフープを通り抜けて反対側に立つ。そのためには，メンバーの援

図1　チャレンジの様子　　　図2　場の設定

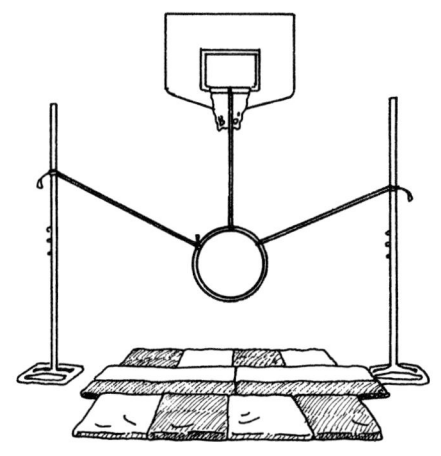

助が必要になる。

成功の基準　グループのメンバー全員がフラフープ（ブラックホール）の「外側の空間」から「地球側の空間」に移動したときに，このチャレンジが達成できたと判定する。

用　具　バレーボールの支柱2本，フラフープ1つ，支柱の間にフラフープを吊り下げるためのロープ，そしてマットが最低4枚必要になる（図2参照）。

場の設定　課題に取り組んでいる間にバレーボールの支柱が倒れたり，傾かないよう，安全に配慮する。フラフープは，床面から約90cmになるようにバレーボールの支柱の間に吊り下げる。高さは，身長の低い生徒に合わせて調整する。フラフープの下端が，生徒たちの腰辺りの高さになるようにする。

課題に取り組む場所の両サイドにマットを2枚ずつ，計4枚敷く。バレーボールのセンターラインのように，2つのスペースがはっきりと分かるように，テープでラインを引くとよい。落ちても安全なように，課題に取り組む場所にはクッションを準備するとよい。

ルールと罰則

1．メンバー全員がブラックホールを通過しなければならない。
2．ブラックホール（フラフープ）には触れてはいけない。
3．フープに飛び込んではいけない。
4．課題に挑戦している間は，グループのメンバーはマット上にいなければならない。
5．ルールに違反した場合，違反した人とすでに通過した1人がやり直さなければならない。
6．姓で呼んだり，仲間を非難してはいけない。

解決の方法　ほとんどのグループは，トライしている人の体をまっすぐにさせたまま持ち上げ，フラフープの中を通す（図1参照）。最初の人がフープの中を通ったあとは，ブラックホールの両側に人がいることになり，フラフープを通過するチームメイトを助けることができる。最後の人を通過させるのが一番難しい。ブラックホールの地球側のチームメイトは，外側サイドの床やフラフープに触らないようにして外側サイドに手を伸ばすことができる。

課題の終了　課題終了後，教師が認めるまではメンバー全員がブラックホール

の地球側のマット上にいなければらない。

> **バリエーション**　このチャレンジには，以下のようなバリエーションがある。

- 年少の子どもたちに対してはフラフープを低くすることができる。また，年長のグループには高くすることもできる。
- グループのメンバーに「月のお土産」を準備し，それをもって帰還するように指示する。課題はより難しくなるし，一層おもしろくなる。その際には，グループのメンバーはサッカーボール，バスケットボール，ビーチボール，ホッケーのスティックなどのお土産をもって地球に生還することにする。お土産は，運ばれている人がもっていなければならない。つまり，お土産をフラフープの反対側の人にパスしてはいけない。
- 15分あるいは20分間以内というように時間を制限すると，チャレンジが一層難しくなる。年少の子どもたちに対しては，課題の魅力を高めるために，物語を活用することもできる（たとえばダース・ベーダーが15分内にやってくるといった物語をもとにする）。

　最初に述べたように，このチャレンジを行うには信頼と共同が必要になる。チームメイトの助けなしにこの課題を解決することはできないので，初級チャレンジを行ったあとにこのチャレンジを行わせるとよい。
　課題に取り組む場所の安全性を確保するために，マットを十分用意する。運ばれるメンバーは，仲間たちによって丁重にもち上げられ，慎重にフラフープを通過する。メンバーが落ちるとフラフープが壊れるため危険である（それでも，仲間がけがをするよりはフラフープが壊れる方がましであるが）。

27 電気網

　電気網は，年齢にかかわりなくだれからも好かれるチャレンジである。また，小さい子ども向けに修正しやすいチャレンジでもある。このチャレンジでは，グループが平均台の端から端まで進むことが課題となる。グループのメンバーは平均台上に垂直に垂れ下がっているネット（電気網）の下を進まなければならない。このことが，このチャレンジの難しいところである。しかも，生徒たちはネットに触れることができない。少々課題を緩和したとしても，この本で示したチャレンジの中で比較的難しいチャレンジになるだろう。

　おこない方　入口（平均台の一方の端）から出口（もう一方の端）まで移動するときに，グループのメンバーは，猿のようにはいつくばったり，滑り込んだり，ぶら下がったりしなければならない。さらに，グループのメンバーは，電気網（平均台の上に吊り下げられているネット）の下を通過しなければならない。

　成功の基準　グループのメンバー全員が電気網の下を通過し，出口側のマット上に立てれば課題が達成できたと判定する。

　用具　高い平均台1台，最低7枚のマット，バドミントンかバレーボールのネット，2本のバドミントンかバレーボールの支柱が必要になる（図4参照）。

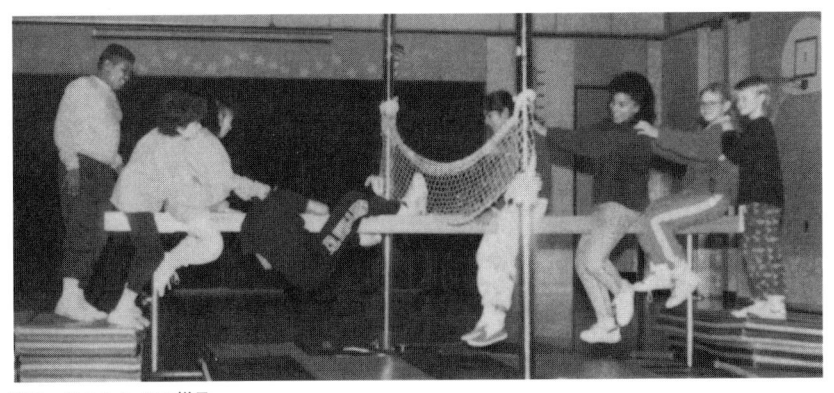

図3　チャレンジの様子

第5章　上級チャレンジ

場の設定　床面を覆うように2枚のマットを敷き，その上に平均台を置く。平均台は，一番背の高い生徒が平均台の下にぶら下がっても床に着かない高さにする。平均台の足を覆うようにマットを重ねる。次に，出口と入口をつくるために，折りたたんだマットを平均台の両端に高く積み上げる（これらのマットは，「岩棚」と呼ぶこともできよう）。平均台を隔てるようにネットを垂らす。ネットは，平均台上に触れるように支柱から吊り下げる。活動する空間の下の床面がすべて覆われるようにマットを敷く。

このチャレンジを達成するために，生徒たちは，猿のように平均台にぶら下がって移動する。図3で確認できるように，入口側のマット上（岩棚Ⅰ）にいるグループのメンバーは，平均台上のメンバーを補助する。出口側のマット上（岩棚Ⅱ）のグループのメンバーは，メンバーの取り組みを手助けする。このチャレンジは極めて難しい。そのため，成功するまでに何度も挑戦しなければならないであろう。

ルールと罰則

1．平均台の上に上がってから課題に取り組まなければならない。
2．入口と出口（岩棚Ⅰと岩棚Ⅱ）の間にいるときは，床にもマットにも触れてはいけない。
3．グループのメンバーは，ネットに触れずにネットの下を通過しなければならない。
4．生徒たちは，平均台から降りる前に平均台の上に一度座らなければならない。
5．平均台から降り，出口のマットの上に移ってしまった生徒は，平均台の上に戻

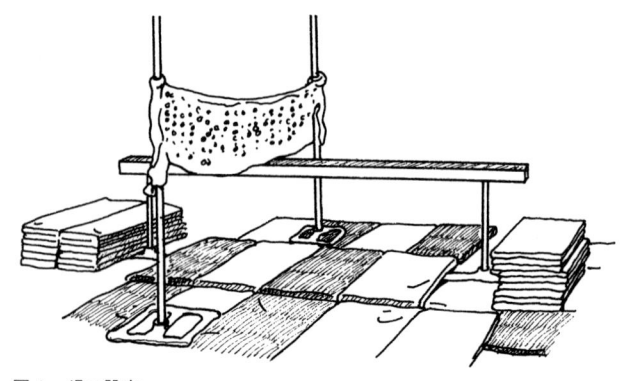

図4　場の設定

ることができない。
6．平均台にぶら下がっているグループのメンバーを補助できるのは，平均台の上にいるメンバーだけである。
7．ルール違反があった場合は，違反した人とすでに通過した1人が，課題をやり直す。
8．姓を呼んだり，メンバーを非難した場合は，違反した人とすでに通過した1人が課題をやり直す。

▶ 解決の方法　生徒は，1人ずつ平均台に登ったあとに，猿のようにその下にぶら下がり，ネットのかかっている平均台の下を移動しようと試みる。ネットの両側にいるメンバーは，仲間がネットの下と平均台の下を通過しようとしているときには，特に積極的に補助すべきである（図3参照）。ほとんどの生徒は，電気網の下に足をもっていくときや，その状態から再び平均台の上に登っていくときに補助を必要とする。ルール5の規定があるので，平均台からあまりに早く降りてしまうと，チームメイトを助けることができない。したがって，グループのメンバーは，いつ平均台を降りるのかを判断しなければならない。このチャレンジに取り組んでいる間は，励ましつづけることや体を使って補助することが大切である。このチャレンジを達成するには，最初に渡る人と最後に渡る人をだれにするのかが重要なポイントになる。

▶ 課題の終了　グループのメンバー全員が電気網の下を通過し，出口のマット（岩棚II）に立つことができたとき課題が達成されたと認定される（図5参照）。教師が成功と認定したあとは，出口のマット上にグループのメンバー全員を座らせる。そのことによって，記録者やまとめ役がグループの達成について評価する時間ができる。活動中に行われた励ましや賞賛を確認し，これらの強化を図るため時間を確保すべきである。

▶ バリエーション　うまく活動させるには，次のようなバリエーションが考えられる。
・床にタイヤを置き，その上にたって補助できるようにする。これによって課題は大変やさしくなる。
・年少の子どもたちに対しては移動距離を短くする。くわえて，慎重に降りるように注意する。
・アメリカンフットボールで使用する軽量のダミー人形をグループのメンバーに加

える。このダミーを，傷ついて救助しなければならないチームメイトに見立てることもできる。
・時間を制約する（たとえば，「嵐が来た。課題解決までに残された時間は20分だ」といった具合に）。

図5　達成した様子

　1人の人物がチームに必要不可欠な一員になることはできるが，1人ではチームにはなりえない。
　　　　　　　　　　　　　　　カリーン・アブドゥル・ジャバール

28 グランドキャニオン

　グランドキャニオンは，吊り下げられたロープをうまく振動させて仮想の渓谷を渡るチャレンジである。大部分の生徒はこの課題が好きだという。ロープにぶら下がって振副することは，なぜか生徒を惹きつける。すべてのチャレンジ運動がそうであるように，個々のメンバーが成功するにはグループ全体でこの課題に取り組まなければならない。

　おこない方　メンバー全員が床面のスタート地点（一方の渓谷の端）から着地地点の跳び箱（渓谷の他の端）へと渡る。渓谷の両端の間がグランドキャニオンになる。グループのメンバーは，ロープにぶら下がって渓谷を渡る。

　成功の基準　グループのメンバー全員がグランドキャニオンを渡りきり，反対側の渓谷の端に立つことができたとき，課題が達成できたと判定される。

　用　具　クライミングロープ，跳び箱（あるいは，互いに重ね合わせたマット4枚），そして安全確保のために床に敷くマット4～6が必要である（図8参照）。

　場の設定　グループの年齢や能力に応じて，スタート地点やぶら下がりロープ，着地点の跳び箱の間隔を調整する。そのためには，教師が自分自身でロープに

図6　スタートの様子　　　　　図7　成功の様子

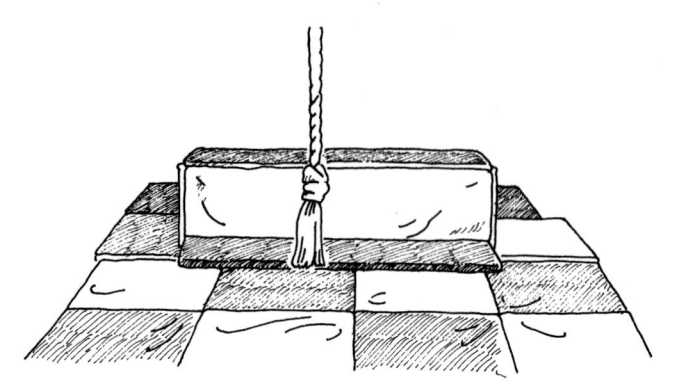

図8 場の設定

ぶら下がって渡ってみたり，生徒に試しにやらせてみることも必要である。大切なことは，渓谷間の距離をグループのメンバーが協力しなければならないようにすることである。

　たとえば，渓谷のスタート地点を示すために，吊り下げられたロープから2.4mほどのところに長さ4.5mのテープを貼る。ロープを使って生徒が振副する範囲の床全体にマットを敷く。ロープから1.8m〜2.4m離れたところ（スタート地点から4.2m〜4.8m離れたところ）に着地用の跳び箱（あるいは重ねたマット）を置く。跳び箱を使うのであれば，跳び箱の前，後，上を覆うようにマットをかける。また，安全を十分確保しながらも，課題の難度が損なわれないように，距離を保つことが大切である。ロープが壁に近すぎる場合には，怪我防止のために壁に安全マットを立てかけるようにする。

　生徒たちは，図9に示したように，ロープを振ってグランドキャニオンを飛び越え，着地用の跳び箱の上に着地する。グループは，ロープにぶら下がるときも，また着地用の跳び箱の上に乗るときも互いに助け合わなければならない。安全確保のために，生徒たちが着地用の跳び箱にぶつからないように注意すべきである。

ルールと罰則

1．グランドキャニオンは，スタートラインと着地用の跳び箱の間とする。
2．グループのメンバーのだれかがグランドキャニオンに触れると，その人とすでに渡りきった1人がやり直さなければならない。
3．グループのメンバーが着地用の跳び箱を飛び越えてしまったり，落ちたりした

場合は，その人ともう1人がやり直す。
4．グループのメンバーはチームメイトを名前で呼ばなければならない。このルールを破った場合は罰則が与えられる。
5．スタートラインを越えて立つと，ルール2の違反になる。このルールは厳密に適用される。

解決の方法　グループのメンバーは，1回に1人ずつ，ロープを振って渓谷を渡る。上手にロープを振副させることのできる人が最初と最後に渡るようにする。また，渡ることが特に困難な人がいた場合，その人の次には上手に渡れる人を配置する必要がある。また，罰則が適用される場合，渓谷を渡るのが困難であった人が戻ればチームは落ち込んでしまうので，最も上手なメンバーがやり直すようにすべきである。

　先述のように，渓谷間の距離は，グループのメンバーが互いに助け合う方法を検討しなければならないように設定すべきである。渡る人は，肩の高さでロープを握るようにし，チームメイトに押してもらうようにする。ロープにぶら下がって振り出しても反対側に渡れない場合は，スタート地点に振れ戻ってもよいし，ロープから床に降りてもよい。渓谷を渡れた人は，他のメンバーが着地用の跳び箱にうまく降りられるように補助する。

　グループの中で渓谷を渡れる人が増えてくると，補助する人たちは，仲間が跳び箱から下（渓谷）に落ちないように互いに助け合うようにする。危険な振り方や，

図9　チームメイトを補助する

その他の危険な行動は禁止する。

　チャレンジに興じてくるとグループのメンバーは，大切な約束事を忘れてしまうものである。罰則が適用されることがわかっていながら，着地用の跳び箱を飛び越えてしまう子どもが出てくることもめずらしくはない。グループのメンバーが着地用の跳び箱を踏み外して下へ落ちてしまうと，罰則が適用され，跳び箱の上に戻ることはできない。

課題の終了　図7にみるように，課題が終了するとグループのメンバー全員が，着地用の跳び箱の上に立つ（当然，拍手して，うれしそうな顔をしながら）。教師がグループの成功を認定したあとで，グループのメンバーは，記録係やまとめ係による励ましや賞賛についての報告に耳を傾ける。

バリエーション　ロープを使ってもまったく渡れない生徒がいる。その場合は，1人の生徒に，振れない生徒の代わりを務めさせる。代わりを努める人は，跳び箱の上で補助する人とみなされる。

　他のバリエーションとしては，次のようなものがある。
・フットボール用のブロッキングダミーを，救助を必要とする傷ついたグループのメンバーにみたてて運ぶ。
・年少の子どもたちには，着地用の跳び箱の代わりに折りたたんだマットを用いる。
・課題達成までの時間を制限する。
・折りたたんだマットの上に立たせてチャレンジを開始させる。そうすれば，床に立つよりも高い位置でロープを握ることができ，より大きく振副できる。

　　　　　　　　計画上の偉大な行為より，ささやかであっても実際に行われた行為
　　　　　　　　の方が意味がある。

　　　　　　　　　　　　　　　　　　　　　　　　　　　ペーター・マーシャル（牧師）

29 パワーライン

　パワーラインは，グループのメンバーに大きな危険を求める大胆な課題である。このチャレンジは，体育授業の生徒たちよりも運動部の選手に適している。パワーラインは，最上級のチャレンジの1つである。このチャレンジでは，グループのメンバーが身体的に互いに助け合うことを厳しく要求する。安全上の配慮について十分理解できるまでは，このチャレンジに取り組むべきではない。

おこない方　1人のメンバーが，他のメンバーに支えられた板の上に立ちながら，鉄棒（または，平行棒か段違い平行棒の一方のバー）を越えることを試みる。
　ここで示す例では，グループのメンバーは，体の一部分でも鉄棒（パワーライン）に触れてはならない。くわえて，越えるために使う板もパワーラインに触れてはいけない。この課題をやさしくしたり，安全にしたりする方法については，バリエーションのところで紹介する。
　グループは，板の使い方を決めたり，パワーラインを越えるメンバーの順番について計画を立てなければならない。
　この課題では，安全確保が最優先事項である。安全確保をルールとして強調する

図10　チームメイトを補助する　　　図11　板をエレベーターのように使って

図12 パワーラインの向こう側に手を伸ばすことができる

必要がある。グループのメンバーは，パワーラインを越えるときは，まず足を地面につけるようにすべきであり，決してダイビングしたり，とんぼ返りをするようなことをしてはいけない。

　このチャレンジには危険が伴う。グループのメンバーは，図10に示すように，互いに助け合わなければならない。グループのメンバーが互いに信頼し合うことをまだ十分学習していない段階では，このチャレンジを行うべきではない。

　成功の基準　パワーラインを越えるために使う板や体の一部をバーに触れさせることなく，メンバー全員がパワーラインを越えることができたとき，このチャレンジが達成できたと判定する。

　用　具　利用する鉄棒は，グループ内で身長の一番高いメンバーよりも，低くする必要がある。鉄棒の代わりに，平行棒か段違い平行棒の一方のバー，あるいは，支柱の間になわを張って代用することもできる。安全性という点からみれば，鉄棒の代わりにビニール製の高跳びのバーを用いることが好ましい。安全確保のために床にはマットを敷き，着地点には安全マットを置くべきである。長さ90cm，幅10cm，厚さ5cmの板も必要になる。

　場の設定　チャレンジに取り組む場所全体に6～8枚のマットを敷く。鉄棒

29. パワーライン　123

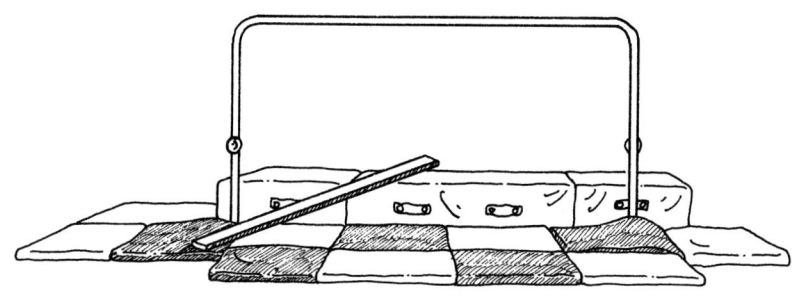

図13　場の設定

の土台はマットで覆う。パワーラインの着地側に安全マットを敷く。必要であれば，チャレンジに取り組む場を2つ（スタート側と着地側）に分けるために，マット上にテープを貼る。パワーラインのスタート側には板を置く。

ルールと罰則

1. パワーラインに触れてはいけない。
2. 板がパワーラインに触れてはいけない。
3. パワーラインを越えたグループのメンバーは，パワーラインのスタート側の床に触れてはならないし，チームメイトを助けるために鉄棒の下をくぐることもできない。
4. パワーラインを越えようとしている人以外のメンバーは，全員床に敷かれたマット上にいなければならない。
5. ルール違反が起こると，ルールを犯した人とすでに鉄棒を越えた1人が，スタート地点に戻り，やり直す。
6. 姓を呼んだり，非難してはいけない。

解決の方法　グループのメンバー全員が，パワーラインの一方の側から反対側へ越えなければならない。ほとんどのメンバーは，自分たちが乗っている板からパワーラインの向こう側へ跳び降り，安全マットの上に安全に着地する。板は，チームメイトを乗せるエレベーターのように使うこともできるし（図11参照），板で斜面をつくり，チームメイトがその上を歩いてパワーラインを越えることもできる。メンバーの大部分がパワーラインを越えると，板の使い方を変えなければならないであろう。板をパワーラインの下にくぐらせることはできない。また，板はスター

ト地点の側でしか使用できない。

　最後の人にパワーラインを越えさせることが最も難しい。一番体重の軽い人や器械運動に秀でた人を最後にするのがよい。最後の人は，通常，棒を登るように板を登っていく。他のメンバーは，仲間が登っている板を支えるために，パワーラインから手を出して板を垂直，あるいは斜めに保持しなければならない。登る人を補助するためにパワーラインの反対側に手を伸してもかまわない。板がパワーラインに触れてはいけないことを忘れないように。

　このチャレンジは，他のチャレンジ以上に危険を伴う。したがって教師は，いつでもすぐにその場に行けるように，監視者として身構えていなければならない。バーを越えたメンバーが増えるにしたがって，チームメイトをより安全に着地させるような補助ができるようになる。図12に示すように，チームメイトは，パワーラインの両側から補助できる。

　課題の終了　グループのメンバー全員がパワーラインを越え，安全マットの上に立ったとき，このチャレンジは達成できたと判定する。

　バリエーション　チャレンジをやさしくするためには，板がパワーラインに触れることや，グループのメンバーがバーに手をかけること，また，パワーラインを低くすることを認めてもよい。安全上の理由から，この課題に関しては制限時間を設けないようにする。

30 飛び石渡りⅡ

　飛び石渡りⅡは，実に頭脳的なチャレンジである。よく考え，うまくコミュニケートすることが求められる。本書に収録された課題の中で最も頭を使うチャレンジであるといってよい。このチャレンジは，身体的にはそれほどハードなものではない。人間を駒に見立てて行うチェスのようなものである。この課題を解決するには，協力と計画が決め手になる。

　このチャレンジは，すでにいくつかの他のチャレンジに取り組み，それらを達成させた生徒たちや，すぐれた仲間づくりの技能を発揮できるようになったグループにトライさせるべきであろう。年少の子どものために課題をやさしくする方法は，バリエーションの項を参照していただきたい。

図14　スタートの様子

図15　成功した様子

> **おこない方**　グループのメンバーは，スタートの時点で並んでいた順番から，指定された順番に組み替わる。グループのメンバーは，動かないように設定されたベース上に一直線に並んで立つ。チームを同数の2つのグループに分け，向かい合って立つ（図14参照）。

> **成功の基準**　このチャレンジは，グループがスタート時点での順番から指示された順番に移動できたとき，達成されたと判定される。

例：8人の生徒が9個のベースを使う。

- スタート時の並び方

  A　B　C　D　□　1　2　3　4

- 終了時の並び方

  1　2　3　4　□　A　B　C　D

> **用具**　各メンバーに1つずつのベースと，それ以外に余分のベースを1つ準備する（グループの人数を偶数にすることを忘れないようにする）。例では，グループの人数を8人にした。したがって，ベースは9個必要になる。

> **場の設定**　長さ6m，幅1.5m〜2.4mのスペースが適切である。それぞれのベースを45cm離して一直線上に置く。グループのメンバーは，ライン中央のベースを空けるようにして，それぞれのベースの上に立つ。

　チームは，2つのグループに分けられる。各チームメイトは，最初に立つ位置が指示された文字か番号（数字）を受け取る。あるいは，自分の場所が確認できるような色のついたジャージが渡される。

> **ルールと罰則**

1．別のベースに移動するとき以外は，グループのメンバーはベースを離れてはいけない。
2．別のベースに移動（前進）できるのは1人だけである。
3．同じベースに立てるのは1人だけである。
4．新しいベースに移動するときには，メンバーの1人がベースを1つ進むか，1人のチームメイトの横を通って1つ先のベースに移動する。しかし，1度に2人のチームメイトの横を通って移動することはできない。
5．一度に移動できるのは，1人だけである。
6．ルールを破ったり，グループが移動できなくなってしまうと，最初の位置に戻

らなければならない。
7．姓を呼んだり，非難してはいけない。

解決の方法　このチャレンジの解決方法は，自分専用のボードゲームをつくって練習したくなるほど特殊である。作業用紙に9個の四角形を書き，8つのマスかドミノの駒に数字や文字を書き入れ，それらを実際に動かしてみる。

| A | B | C | D | | 1 | 2 | 3 | 4 |

Step 1	Dが空いているベースに移動する。
Step 2	1がDの横を通って空いているベースに移動する。
Step 3	2が空いているベースに移動する。
Step 4	Dが2の横を通って空いているベースに移動する。
Step 5	Cが1の横を通って移動する。
Step 6	Bが空いている前のベースに移動する。
Step 7	1がBの横を通って移動する。
Step 8	2がCの横を通って移動する。
Step 9	3がDの横を通って移動する。
Step 10	4が空いている前方のベースに移動する。
Step 11	Dが4の横を通って移動する。Dは移動完了。
Step 12	Cが3の横を通って移動する。
Step 13	Bが2の横を通って移動する。
Step 14	Aが1の横を通って移動する。
Step 15	1が前進し1の移動完了。
Step 16	2がAの横を通って移動する。2は移動完了。
Step 17	3がBの横を通って移動する。
Step 18	4がCの横を通って移動する。
Step 19	Cが前進しCの移動完了。
Step 20	Bが4の横を通って移動する。Bの移動終了。
Step 21	Aが3の横を通って移動する。
Step 22	3が前進し3は終了。
Step 23	4がAの横を通って移動し4は終了。
Step 24	Aが前進し課題終了（図15参照）。

図16　解決のしかた

「すごい！本当！なぜこれが人間チェスと呼ばれたのか分かった」グループは，一貫してお互いにコミュニケーションを取り合わなければならない。

課題の終了 グループのメンバーがスタート時の順番から指示された順番に並び替えられた時点で，このチャレンジが達成されたと判定する。先述したように，フラストレーションが募らないようにするためには，実際に体を使ってトライする前に，ボードゲームを使って練習をすることが必要である。

バリエーション グループのメンバーを4人（この場合は8回移動することになる）ないし6人（この場合は15回移動することになる）にして行う。

これは本当に難しいチャレンジである。したがって，やさしい課題でつまずいたグループには行わすべきではない。また，私たちが見落としているような別のバリエーションを考えてほしい。このチャレンジでは，身体的なスキルよりもむしろ思考とコミュニケーションが要求される。このことを忘れないようにすべきである。グループがこのチャレンジを達成できたときには，間違いなく彼らはすばらしい共同的な課題解決者になる。

グループに視覚的な援助を与えるには，各メンバーのジャージに番号や文字を貼りつけるとよい。1つのグループには，A，B，C，Dの文字のついた赤いゼッケンを着せ，別のグループには，1，2，3，4の番号のついた青いゼッケンを着せるとよい。

> グループで共同する人たちは，1人では到底できなかったし，望み得なかったことですら，成し遂げることができる。
> 　　　　　　　　　　　　　　　フランクリン・デラノ・ルーズベルト

31 テーブルをとりまく騎士

　チャレンジ運動を通して、私たちは多くの教師と出会う機会を得た。これまで多くの会合で、チャレンジ運動について積極的にアイディアを交換することができた。テーブルの騎士もワークショップの期間中に生み出されたチャレンジの1つである。これはかなり難しく、また特殊なチャレンジである。特に、このチャレンジは、先に紹介した電気網の発展したバージョンにあたるものである。

おこない方　グループはスタートラインのうしろに立つ。スタートラインは、テーブルの端から約90cm離れたところに設定する。グループのメンバーは、全員床に触れずにテーブルの上、下、そして再び上へと移動する。メンバー全員が、テーブルの上からゴールラインを越えなければならない（図18参照）。

成功の基準　このチャレンジは、メンバー全員がテーブルの上、下、そして上へと移動し、ゴールラインを通過して立ったところで完了する。

用　具　用具は頑丈なテーブル1台、テープ1本、そして大きなマット2枚である。折りたたみのテーブルは適さない。

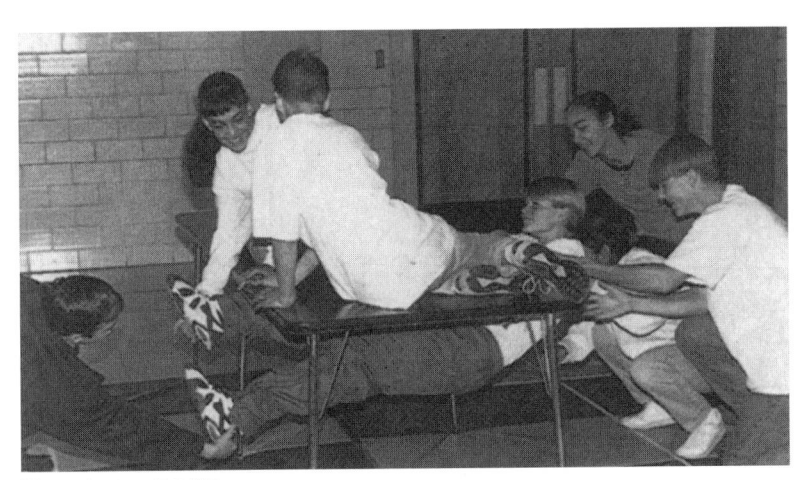

図17　チャレンジの様子

図18　場の設定

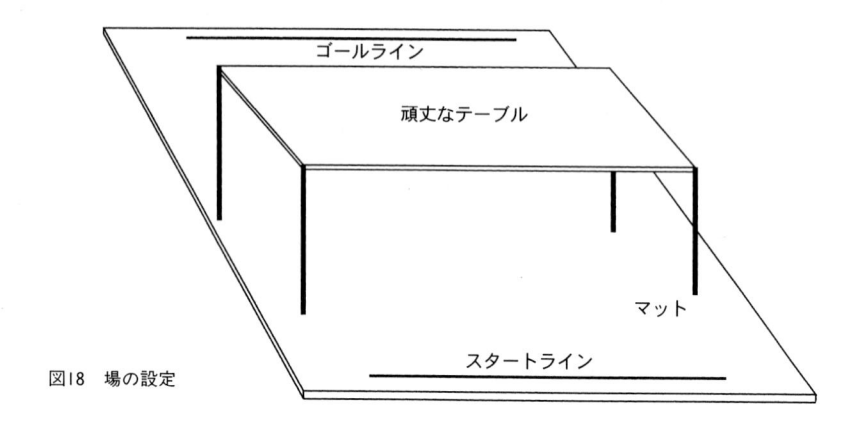

場の設定　協力してマットを敷き，その上にテーブルを置く。テーブルが安定しているか，あるいはテーブルの脚は安全かどうかを確かめる。ゴールラインはテーブルの端から約90cm離れたところにする。

ルールと罰則
1．メンバーの1人が，スタートラインとゴールラインの間の床に触れてしまった場合，その人ともう1人がスタートに戻る。
2．一度テーブルを越えてゴールラインまで辿りついたら，テーブルには戻れない。
3．スタートラインもしくはゴールラインにいる人は，他のメンバーがテーブルを回るのを手助けしてもよい。ただし，テーブルに触れてはいけない（年齢あるいは能力によっては，2〜3人がテーブルに触れることを許可してもよい。そうすることでチャレンジはやさしくなる）。
4．否定的なプレッシャーをかけたり，仲間を非難してはいけない。
5．チームメイトを姓で呼ばない。

解決の方法　チームの全員が補助を必要とする。補助なしにこのチャレンジを成功させることは不可能である。チームでは，まず最初に，もっとも運動能力の高い人を選んで挑戦させるべきである。そして，その人はスタートラインのうしろから精一杯補助すべきである。最初にスタートした人がテーブルの下を通り，うまくテーブルの上に乗ることができれば，別のメンバーがテーブルの上に乗るのを助けるべきである。もう1つの方略は，ある1人がテーブルの下から這い上がる前にテーブルの上に2人を送り込んでおくことである。

何人かはゴールラインを通過し，そのポジションから手助けした方が有効である。スタートラインおよびゴールラインの外から補助することが許されていることを思い出すべきである。

課題の終了　課題はチーム内のメンバー全員がテーブルの上，下，そして再び上を通過し，ゴールラインを越えたときに完了する。

バリエーション　このチャレンジには次のようなバリエーションがある。

- より広いテーブルを使う。
- テーブルからスタートラインおよびゴールラインの距離を調整する。
- ラグビーの練習で使うダミー人形（もしくは救急用の人形）をチームに運ばせるようにする。
- チャレンジの制限時間を設ける。
- グループのメンバーがテーブルに触れてもよいことにする。

> ゲームというのは，子どもであれ，大人であれ，どのような状況で楽しまれるにしても，通常，高度に構造化されていて，予測できる結果がもたらされる。仲間づくり運動は，そのようなゲームとは異なり，チャレンジが発展していくようにルール自体を工夫するようになっている。したがって，そこでの結果はかなり予測しにくいものである。

32 グランドキャニオンⅡ

グランドキャニオンⅡは上級チャレンジである。それは生徒たちがもっとも好むチャレンジの1つである。グランドキャニオンⅠとは場の設定の点で，またチームワークの複雑さの点でも異なる。グループのメンバーはクライミングロープを用いてグランドキャニオンの断崖と断崖の間を移動する。

おこない方 各々のメンバーは断崖Ⅰから断崖Ⅱへと移動する。彼らは断崖間の空いたスペースを横断し，2つ目の断崖へ安全に着地する。メンバーは安全に移動するために，できる限り協力し合うことが必要になる。断崖Ⅰとロープの位置との関係が，このチャレンジの難しさを決定する。

成功の基準 このチャレンジは，メンバー全員がグランドキャニオンを安全に横断し，断崖Ⅱに移動できたときに完了する。

用具 グランドキャニオンを渡るためのクライミングロープが1本，2つの大きな安全マット（安全マットがなければ，通常のマットを断崖にしてもよい）が必要である。必要なら，もう少し広い範囲にマットを敷くとよい。

場の設定 クライミングロープの近くに断崖をセットする（ロープは断崖の

図19 チャレンジの様子

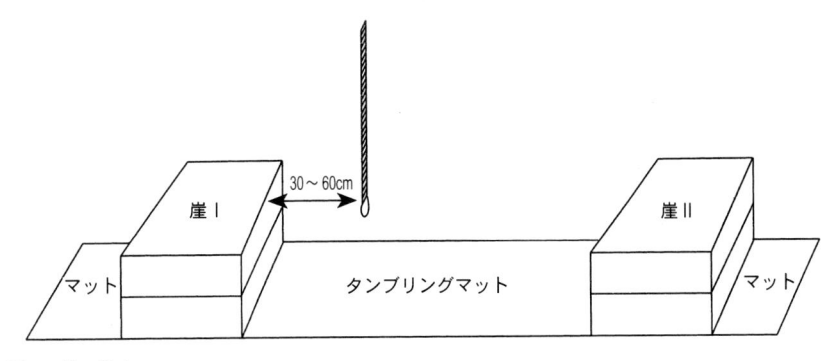

図20　場の設定

端から30cm〜60cm離した方がよい)。ロープが断崖に近ければ近いほどチャレンジは難しくなる。断崖はチャレンジする者が体を精一杯伸ばさなければ辿りつけないほど離れたところにセットする。この距離は，体育館のスペースやロープの長さによって決めるべきである。

　床の上にマットを敷く。だれかが断崖から落ちたときのために補助マットを置く。断崖が壁に近ければ，生徒たちが壁に向かってスウィングし，怪我をするかもしれないので，壁に安全マットを立てかけるようにする。

ルールと罰則

1．グループのメンバーが床（グランドキャニオン）に触れた場合，その人とすでに成功した1人が断崖Iへ戻る。
2．グループのメンバーが断崖から床へ落ちた場合，その人とすでに成功した1人が断崖Iへ戻る。
3．姓で呼んだり，非難してはいけない。

解決の方法

このチャレンジには1つの基本的な解決方法があるが，各々のグループは，もっとユニークな解決方法を見つけることであろう。

　グループは，最初にグランドキャニオンを越えて断崖IIへ無事に飛び移れそうな人を捜そうとするだろう。これは，このチャレンジではよく見られる方法である。グループは，メンバーを効果的に振副させる方法を見いださなければならない。何人かが断崖IIへ行けたら，そのメンバーは，他のメンバーが断崖IIへ飛び乗れるように手助けする。またグループは，最後に渡る人を適切に選ぶ必要がある。最後に渡る人は，他の人に押してもらうような手助け無しに渡らなければならない。グル

ープが2つ目の断崖の上で活動するには，バランスをとる必要がある。注意してチャレンジしなければ断崖から落ちることになり，罰則を受けなければならない。また，罰せられる人もよく考えて選ばなければならない。いうまでもなく，グランドキャニオンをうまく渡れそうにない人は選ばない方がよい。

課題の終了　このチャレンジは，グループのメンバー全員がうまく峡谷を渡り切れたとき完了する。全員が断崖Ⅱに立ち，大きな歓声をあげることであろう。

バリエーション　このチャレンジの難しさは，ロープの位置と断崖間の距離によって決まる。この課題は多少骨の折れるようにすべきである。グループは課題解決に向けて苦闘することであろう。特別なやり方が必要な人がいる場合は，例外的なルールをつくってもよい。峡谷内に休憩地あるいは踏み台となるタイヤを置くこともできる。ただし，これは特別な人にのみ与えるべきであり，全員には必要でない。

〈撮影：千葉県八千代市立八千代台東小学校〉

　　　私たちは一所懸命取り組み，多くをなし遂げた。活動そのものを楽しんだ。チームとしてのプライドをかけてこれらをやり遂げた。
　　　　　　　　　　　　　　　　　　　　　　グローバー＆ミドラ

33 クモの巣城

　クモの巣城のチャレンジは，グループのメンバーが協力し合って，平らに張られたクモの巣に触れずに移動することが課題になる。チャレンジを一層おもしろくするために，何匹かのクモを網に吊るすこともできる。

おこない方　グループのメンバー全員がクモの巣の端から端まで移動しなければならない。そのとき，クモの巣やそれを支えている支柱に触れてはいけない。グループのメンバーは，クモの巣の下を通ってはいけない。

成功の基準　このチャレンジは，グループのメンバー全員がルールを破ることなくクモの巣を越えたとき完了する。

用　具　2本の高い平均台，あるいは重いテーブル，いす，バレーボールの支柱のようなものが必要である。この他，18m～27mの弾力性のあるひもあるいは毛糸と3枚の大きいマットが必要である。

場の設定　チームは，クモの巣としていろいろな大きさの幾何学模様をつくることになる。しかし，1つの巣の囲いは，少なくとも3人のメンバーが入れるような大きさにする。支柱は平行に並べ，2.5mほど離す。したがって，クモの巣は横幅2.5mで，縦は5mほどにする。また，高さはチームのメンバーの中でもっとも背の高い人の腰あたりにする。クモの巣の下全体にマットを敷く。

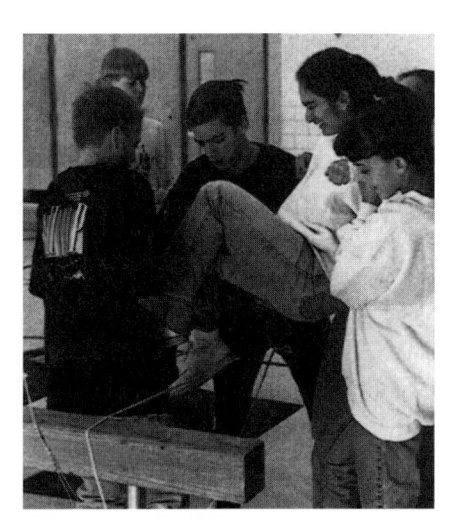

図21　チャレンジの様子

136　第5章　上級チャレンジ

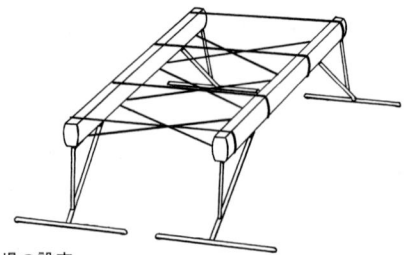

図22　場の設定

> ルールと罰則

1．グループのメンバーは全員クモの巣の一方の端からスタートする。
2．チームのメンバーはクモの巣に触れることはできない。
3．グループのメンバーはクモの巣の下を通れない。
4．ルール違反があれば，違反した人に加えてすでに成功した1人に罰則を与える。

> 解決の方法

グループはクモの巣を見渡して，もっともうまく通れそうなルートを見つけなければならない。また，だれがもっともよくアシストでき，だれがもっとも機敏であるのか，見定める必要がある。チームは，1人のメンバーをもち上げて最初の網の目を越えるところからチャレンジをはじめる。成功すれば，その人はチームメイトが渡ってくるのを補助する役にまわる。空いたスペースは，3人が中に入れる広さだったことを思いだすべきである。したがって，何人かのメンバーは最初の空間に残るようにするが，他のチームメイトがスタートする前に2つ目3つ目の空間へと進んでいかなければならない。最後の人を中に入れるのがもっとも難しい。最後の人は，チームメイトの助けを得てジャンプするか，チームメイト2人でクモの糸の上にもち上げてもらうようにする。

> 課題の終了

すべてのメンバーが，クモの巣を渡って向こう側のマットの上に立ったとき課題は達成される。

> バリエーション

・クモの巣の位置を高くしたり，低くしたりする。
・時間に制限を設ける。
・クモの巣にクモのおもちゃを吊す。グループのメンバーはクモに触れてはいけない。

34 アマゾンに架かる橋

　私たちが子どもの生活から最初に排除しようとするのは，多くの場合，私たち自身の生活を特徴づけている「苦闘」「失敗」「不満」といったことがらである。生徒たちの人格を形成するためには，このような経験こそ味わわせるべきである。

　アマゾンに架かる橋は，古いアイディアを活かして新しくつくりかえたものである。このチャレンジは、先の「激流に架かる橋」と「グランドキャニオンⅠ」の要素をあわせもっている。また，より不安定な場所で行うチャレンジでもある。

　おこない方　チームは岩棚Aから岩棚Bへ渡らなければならない。岩棚はマットを折りたたんで積み上げることによってつくられている。安定した岩棚をつくるためにマットを2〜3枚重ね合わせる。チームは岩棚Aから岩棚Bの川の上に橋を建設しなければならない。この作業が，チャレンジをより挑戦的なものにする。というのも，川は走り高跳びのエバーマットか体操競技用の安全マットでつくられていて，不安定な表面になるため横断するのが難しくなるためである。

　成功の基準　このチャレンジは，グループのメンバー全員が川から落ちることなく無事に横断したとき完了する。チャレンジの終了時点で，メンバー全員と橋に用いた材料すべてが岩棚Bになければならない。

図23　チャレンジの様子

用具
川の端から端まで，安全マットか走り高跳びや棒高跳び用のエバーマットを敷く。これらのマットの数は川幅によって決まる。この他に，長さ2.4〜2.8m，幅10cm，厚さ5cmの板を2枚，車のタイヤ4本，クライミングロープ1本，折りたたんだマット2枚，大きなマット2枚が必要である。

場の設定
安全マットか走り高跳びのマットを両端にセットする。急流の区域，つまりゴール近くの安全マットと岩棚Bとの間の区域にクライミングロープを取りつける。この区域は約1.8m以上あけるようにする。クライミングロープの下には必ずマットを敷くようにする。

ルールと罰則
1. メンバーは川から落ちることなく横断しなければならない。だれかが川に触れれば，その人と他のチームメイト1人がスタート地点に戻らなければならない。
2. 長さ2.4〜2.8m，幅10cm，厚さ5cmの板を川の中に残してきてはいけない。また，板はタイヤに支えられていなければならない。
3. 橋をつくっている材料は，すべて川を横断してもち運ばれなければならない。
4. チームメイトを姓で呼んだり，非難してはいけない。

解決の方法
チームは板やタイヤを使って，川を渡るための橋をつくる。川は不安定な表面でできていてバランスをとるのが難しいため，チームのメンバーはゆっくりかつ慎重に移動するとともに，チームメイトが互いに補助する必要がある。岩棚Bに向かって急流を渡るときは，クライミングロープを用いる。

課題の終了
この課題は，メンバー全員が無事に橋を渡り，さらに橋をつくっている材料をすべて岩棚Bに運んだとき終了となる。

バリエーション
- もち運ぶ用具を増やしたり，川を渡る時間に制限を設ける。
- もう1枚板を追加したり，またタイヤやクライミングロープを少なくしたりする。

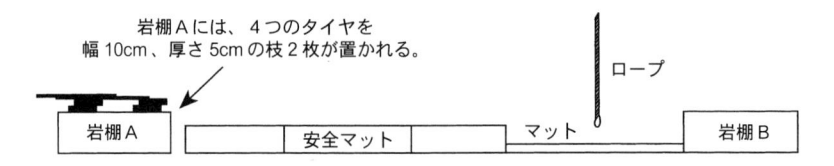

図24 場の設定

35 失われた宝石の奪回

　失われた宝石の奪回のチャレンジはきわめて難しくすることができる。同時に，使用する用具，適用するルール，道など2〜3の工夫を加えることができる。

　おこない方　　未踏の領域をメンバーとともに横断し，失われた宝石を取り戻さなければならない。宝石のあるところへ到着したら，手を使わずに宝石をもち上げる。そのあと，宝石を移送し，自分たちの基地に戻る。メンバーは，スクーターを移動させるためにプランジャー（吸引用のゴム）と輪を用いる。体はどの部分も床に触れてはいけない。

　成功の基準　　グループのメンバー全員が宝石を奪回する旅に出かけ，宝石やスタンド（ボール立て），さらにそこで利用したすべての道具を指定された基地にもち帰ったときに課題は達成されたことになる。

　用　具　　ここでは，カゴでつくった大きなボール（宝物），ボール立て（タイヤ，ゴミ箱など），ハードル（陸上競技のものや2つのコーンとプラスチック

図25　チャレンジの様子

のバーを組み合わせたもの），プランジャー，輪（デッキテニスリング），メンバー1人につき1台のスクーターと特別のスクーター1台，そして厚さ5cm，幅10cm，長さ2.4〜2.8mの板4枚を用いる。

場の設定　活動場所全体にランダムにハードルを置く（図26参照）。宝石を取り戻すためにもっと多くの用具が必要であるようなら，ハードルのそばに輪（デッキテニスリング）やプランジャーを置き，それらを回収させるようにする。ボール立ての位置は，基地からみて活動空間の中央から4分の3程度離れたところにする。

ルールと罰則

1．チームのメンバーは，手で宝石に触れてはいけない。
2．宝石を床に落としてはいけない。
3．チームのメンバーは，体を床や障害物に触れてはいけない。
4．仲間を姓で呼んだり，非難してはいけない。

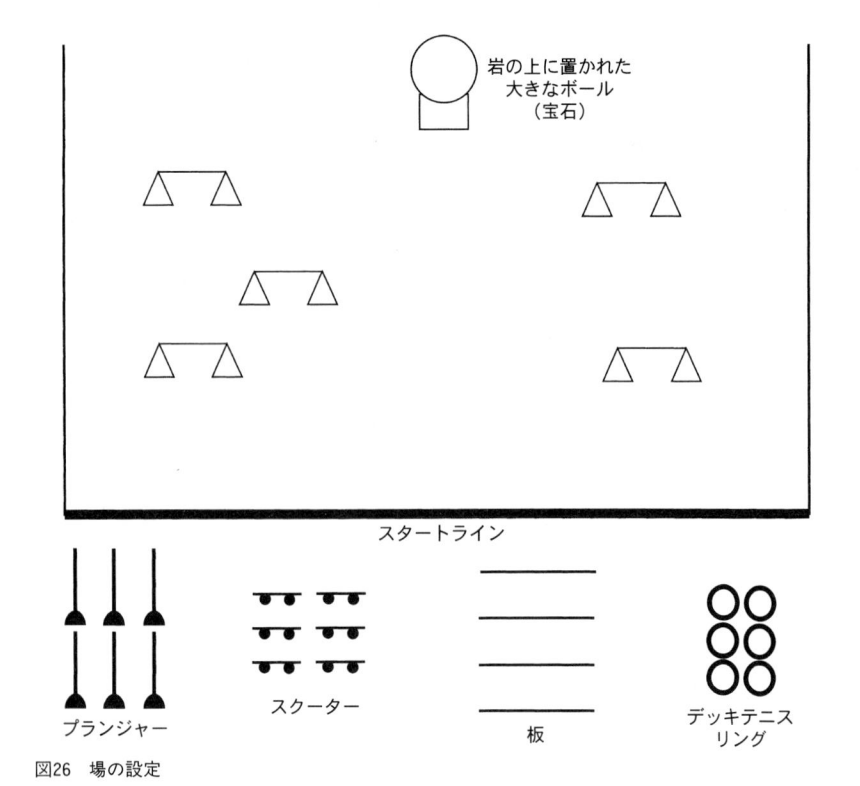

図26　場の設定

5．ルール違反があれば，グループは基地に戻り，はじめからやり直す。

解決の方法　グループは，スクーターを使って失われた宝石を奪回する旅に出発する。図25のように，4台のスクーターと4枚の板を使って1台のリバーボートを組み立てる。床を横断するときには，オールやパドルの代わりにプランジャーや輪（デッキテニスリング）を用いて移動する。宝石を手に入れたら，プランジャーを使って宝石をもち上げなければならない。何人かがパドルを漕ぐ役割を務める。それ以外のメンバーは，片方の手でプランジャーをもち，宝石を支えながら，もう片方の手でパドルを漕ぐ。加えて，1人あるいはそれ以上のメンバーは宝石のスタンドを運ばなくてはならない。通常，1人は，宝石が後方に落ちないようにうしろからフォローする。

課題の終了　宝石を床に落とすことなく基地へもち運び，うまくスタンド上にその宝石をセットしたとき，このチャレンジは達成されたことになる。

バリエーション　このチャレンジは使用するボールの大きさによって，簡単になったり，難しくなったりする。私たちがこのチャレンジを行うときには直径約1.2mのボールを使用しているが，これはなかなか難しい。大きなビーチボールは便利だが，チャレンジが簡単になってしまう。

　プランジャーをグループのメンバーの数より4つ多く使用することを勧めたい。プランジャーがなければ，輪（デッキテニスリング）を代用すればよい。メンバーは，それぞれ2つの用具を用いるのが限界であろう（プランジャー2つ，プランジャーと輪を1つずつ，もしくは輪を2つ）。

　グループのメンバーの頭上に宝石をバランスよく保つ必要がある。年少のグループには，手で床を押しながら進むことを認めてもよい。宝石として用いるボールの大きさが，このチャレンジの困難さを決定する。

　すべての者がスタートラインに戻るという罰則は，「用具を失くしたところまで戻る」というふうに変更できる。あるいは「過ちを犯した者と他のもう1人のメンバーを基地まで戻らせる」というように変更することもできる。特に，後者の場合は，2人のメンバーがグループのところに戻ってきたところで，グループが前進できるようにすべきであろう。

36 ジャングル探険

　これは，まさに「レイダース，失われたアーク」のようなチャレンジで，クラス中が盛り上がり，しかも生徒たちが繰り返しやりたくなるチャレンジである。
　生徒たちは，このチャレンジを大変気に入るであろう。あなたは，このジャングル探険を行うと，次から次に新しいアイディアが浮かんでくる自分に驚かされることであろう。

おこない方　このチャレンジのために設定される場は，大変魅力的である。したがって，少なくとも2日間は用具をそのままにしておくとよい。これは，私たちがすでに紹介した一連のチャレンジをいくつか組み合わせたものである。必要な用具は，すでに紹介したチャレンジと同じである。

用　具　このチャレンジを行うには，次の用具が必要になる。

- パワーライン（121ページ）：段違い平行棒，幅10cm，厚さ5 cmの板，安全マット，マット
- グランドキャニオン（117ページ）：ぶら下がって振るためのロープ，安全マット，マット
- 電気網（113ページ）：高い平均台。バレーボールのネットと支柱，マット
- ムカデ歩き（44ページ）：ムカデ歩きを行う板
- 激流渡り（90ページ）：フラフープ，室内用ベース，コーン

　ジャングル探険を一層難しくするためには，それぞれのチャレンジとチャレンジの間に特別の課題をもった平均台を設置することもできる。

場の設定　激流渡り，電気網，グランドキャニオン，さらにその他のチャレンジというように，あなたが設定した順路に沿って生徒に探険させる。
　図27にみるように，この一連の探険には生徒にとって新しいチャレンジがいくつか加えられているが，大部分はすでに生徒たちが取り組んできたものである。平均台と幅10cm，厚さ5 cmの板を加えることで，チャレンジが難しくなり，一層魅力的なものになる。

36. ジャングル探険　143

コーンを置いた平均台　　電気網

グランドキャニオン

激流渡り

パワーライン

道路を渡る
ムカデ歩き1

ムカデ歩きの
ゴール

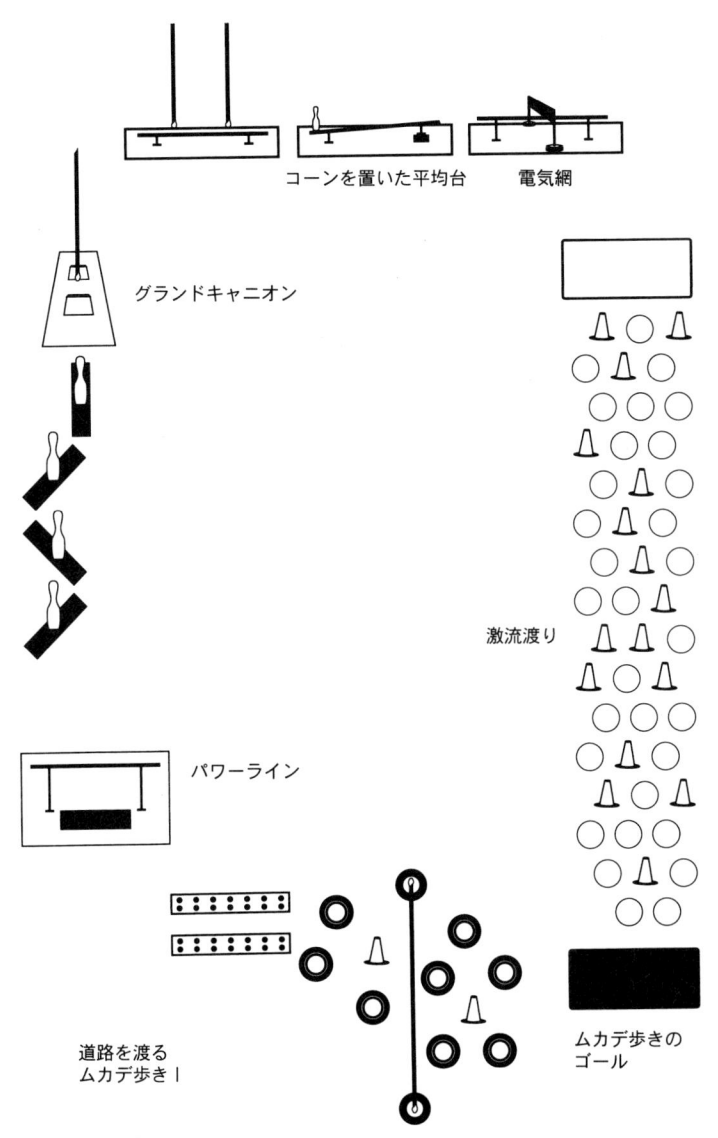

図27　場の設定

図28のように，平均台上にハードルをくぐらせると，平均台を渡りきるために生徒はその下をくぐったり，手と膝で移動しなければならなくなる。

　また一方の支柱の下に木のブロックを置くと，平均台が不安定になる。さらに，図29のように，ボーリングのピンを平均台の上に置くと慎重に歩かなければピンは簡単に倒れてしまう。

　成功の基準　このチャレンジの成功の基準は，他のチャレンジと同じである。チームは，床に触れることなくジャングル探険を行わなければならないし，順路に設定された個々のチャレンジで要求されている成否の判断基準を満たさなければならない（これらの成功の基準については先述した通り）。平均台のみが新たなチャレンジである（1つは，コーンを置いた平均台，もう1つはロープのある平均台）。ロープのある平均台では，台を渡っているときに，吊り下げられたロープに触れて

図28　ハードルをくぐる平均台

図29　ボーリングのピンを置いた平均台

はいけない。

　各チームのスタート地点を別々にし，進行方向を変えて各チームが自分たちのペースで順路に沿って探険していく。このようにすると，各チームはあるチャレンジの途中，あるいは平均台の真ん中で出会うことになる。そこではチーム内と同様にチーム間でのチームワークが重要になる。

　このチャレンジに取り組む場をできるだけ創造的に設定するとよい。小さい子どもたちのためには，いくつかの障害物を取り除くようにしたり，もっと別のやさしい障害に置き換えることもできる。場を設定する際には，「チームとしてジャングル探険を行わせようとしているのだ」という点を思い起こし，チームとして取り組む必要のある障害物を設定するように配慮すべきである。

解決の方法　時間をかけて，チームとして活動すれば，ジャングル探険はやさしいチャレンジになるだろう。

課題の終了　チームがジャングル探険を終了し，スタート地点に戻ってくるとチャレンジを達成したと判定する。

バリエーション　想像力を働かせて，ジャングル探険に自己流のバリエーションを加えるべきである。

ルールと罰則

1．床に触れるとその人は，取り組んでいたチャレンジを最初から行う。ジャングル探険では罰則を適用しない。
2．個々のチャレンジのルール（各チャレンジ運動の項で行い方されている）は，すべて適用される。
3．ジャングル探険に取り組んでいる間に，チームのメンバー全員が最低1回はほめる。
4．姓を呼んだり，非難したり，否定的なプレッシャーをかけることは許されない。このルールに違反した人は，そこでのチャレンジをやり直す。

　このチャレンジは，仲間づくりの単元のクライマックスである。順路にそって設定されたすべてのチャレンジや新たに加えられた障害物をクリアすることにより，チームに連帯感が生み出される。本当に1つのチームになったという感情が生み出される。

最後に，この仲間づくりのチャレンジを指導するために，時間を確保し，想像力を発揮していただくよう，再度お願いしたい。

第6章

学習カード

1　平均台アルファベット並び

チャレンジカード

用具　高い平均台1台，マット8～10枚，加えて1～2枚の安全マットが必要である。活動の場全体にマットを敷き詰めるようにする。

開始の状態　グループのメンバーは，ランダムに平均台の上に座る。教師はグループに名前（ファーストネームやラストネームなど）のアルファベット順に並び替わるように指示する。

課題　この課題は，メンバー全員が平均台の上で指定されたアルファベット順に並び替わり，平均台の上に立ち上がることができたときに達成される。

ルールと罰則

1. 課題に取り組む間，グループの全員が平均台の上にいなければならない。
2. だれかがマットや床，平均台の支柱に触ってしまったら，グループの全員が平均台から降り，もう一度やり直す。
3. チームメイトを姓で呼んだり，非難したときには，グループ全員がもう一度やり直す。

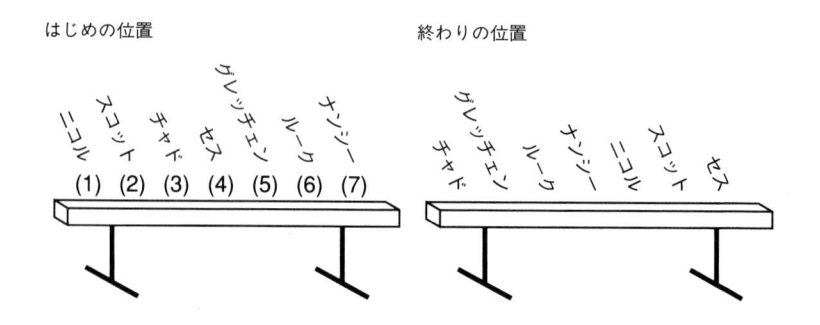

はじめの位置　　　　　　　終わりの位置

オーガナイザーカード

1. どのような名前を使ってアルファベット順に並べばよいですか？

   _____

2. どちらの方向に並べばよいですか？

   _____

3. 課題に取り組んでいる間にだれかが床に触れてしまったらどうなりますか？

   _____

4. だれかが平均台の支柱に触れてしまったらどうなりますか？

   _____

5. アルファベット順に並んだあと，どうすればよいですか？

   _____

2　川渡り

チャレンジカード

用具　2台のスクーター，2つの輪（デッキテニス・リング），そして4.5〜5.0mの長なわを用意する。また，スタートと終了のラインを設定する。

開始の状態　メンバー全員が，スタート地点（岸あるいは島）からスタートする。用具はすべてスタート地点に置くようにする。

課題　この課題は，グループの全員が，体のどの部分も川に触れずに渡りきれば達成されたことになる。また，すべての用具を川を渡して運ばなければならない。

ルールと罰則
1. 指定されたラインとラインの間は，すべて川になる。
2. 体の一部分が川に触れた場合は，その人とすでに川を渡ったもう1人が犠牲になり，はじめからやり直さなければならない。
3. 川を最初に渡った人は罰則を受けない。チャレンジをうまく進行させるために川の向こうに1人を残すことができる。
4. 用具を回収しようとしているときにだれかが川に触れた場合も，罰則が適用される。
5. 姓で呼んだり，チームメイトを非難した場合にも罰則が適用される。
6. 川を越えた最初の人は罰則を受けないが，川に触れることが許されるわけではない。もし，触れてしまったときには，あとから渡った人が最初のチームメイトに代わって罰則を受けなければならない。

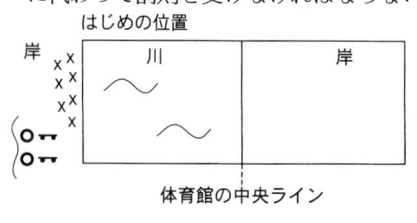

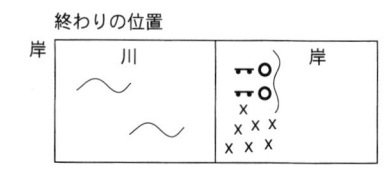

オーガナイザーカード

1. どんな用具を使いますか？

   _____

2. どこからどこまでが川になりますか？

   _____

3. だれかが川に触れたらどうなりますか？

   _____

4. 罰則を受けないのはだれですか？

   _____

5. どのような状態になったとき，チャレンジが終了するのですか？

   _____

6. 課題が終了したとき，用具はどこになければいけませんか？

   _____

3　ザ・ロック

チャレンジカード

用具　岩（約33.0cmの自動車タイヤあるいは重い箱）1つと岩の下に敷く数枚のマットが必要である。

開始の状態　メンバーは，岩のそばに敷いたマットの上に立ったところからチャレンジをはじめる。

課題　この課題は，メンバー全員が岩の上に乗り（床から離れた状態で），「1－2－3－4－5」とゆっくり数える間バランスをとることができたら達成されたことになる。

ルールと罰則

1. すべてのメンバーは，床（マット）から離れて，岩の上にいなければならない。
2. 床から離れていれば，メンバー全員が岩に触っていなくてもよい。
3. 一度岩に乗ったあとに，ちょっとでも床（マット）に触れれば，岩の上にだれもいない状態からもう一度やり直さなければならない。
4. グループで準備ができたら，教師に声をかけ，成功したかどうかを見届けてもらう。
5. お互いに姓で呼び合ったり，非難してはいけない。

オーガナイザーカード

1 どんな用具を使いますか？

___

2 岩に乗ったあとで，床に触れたらどうなりますか？

___

3 岩の上にどのくらいの時間いなければなりませんか？

___

4 全員が岩に触れていなければならないのですか？

___

5 課題に取り組むとき，だれが数を数えますか？

___

4　ヘビ

チャレンジカード

用　具　綱引きのロープ1本

開始の状態　メンバーは全員，コイル状に巻かれたロープを持って，指定されたスペースの中央からチャレンジをはじめる。

課　題　綱引きのロープを使い，特定の8つの形（文字，数，ことばなど）を，グループでつくる。形ができたら，メンバーはロープ全体を体で覆わなければならない。形は教師が指示したり，グループで考えたりして決める。

ルールと罰則

1．指示された通りに，ロープを使って特定の形をつくらなければならない。
2．すべてのグループメンバーが，ロープの上に横たわらなければならない。
3．ロープは，グループメンバーによって完全に覆われなければならない。
4．グループは別の形をつくりはじめる前に，それぞれの形ができあがったかどうかを教師に承認してもらう。
5．姓で呼んだり，非難してはいけない。

オーガナイザーカード

1 どんな用具を使いますか？

　　────────────────────────────────

2 形をいくつつくりますか？

　　────────────────────────────────

3 グループのメンバーは，ロープの上に乗らなくてはいけませんか？

　　────────────────────────────────

4 つくった形を，メンバーの体でどのようにしなければならないのですか？

　　────────────────────────────────

5 つくった形を教師が承認してくれたあと，どうしますか？

　　────────────────────────────────

5　飛び石渡り I

チャレンジカード

用　具　1人に1枚のベースと，もう1枚の特別ベースを用意する。

開始の状態　1列に並べられたベースの上に，グループ全員が立つ。ただし，片方の端のベースは空けておく。メンバーは，それぞれの番号をコールし，課題のはじめと終わりが分かるようにしておく。

課　題　この課題は，はじめの順番とは逆の順番になってベースの上に立ったときに，達成されたことになる。

ルールと罰則

1．1つのベースには，一度に1人しか触れることができない。
2．ベースの移動は，両隣のベースに対してどちらか一方の方向に動くことができる。
3．グループのメンバーは，空いているベースにだけ移動することができる。
4．ベースを移動させることはできないが，歪んだ場合に調整することはできる。その際，床に降りなければ，ベースを動かしてもペナルティーは与えられない。
5．靴は体の一部と考える（これは，靴を脱いで床に置き，靴を飛び石として使用できないということである）。
6．体のどの部分も床に触れることはできない。
7．上記のいずれかのルールが破られた場合，グループのメンバー全員がもう一度はじめからやり直さなければならない。
8．お互いを姓で呼んだり，非難してはいけない。

	(セス)	(アン)	(エリック)	(マット)	(メーガン)	(ターシャ)	(ルーク)	(サリー)	
はじめの位置	1	2	3	4	5	6	7	8	□

	(サリー)	(ルーク)	(ターシャ)	(メーガン)	(マット)	(エリック)	(アン)	(セス)
終わりの位置	8	7	6	5	4	3	2	1	□

オーガナイザーカード

1 チャレンジの課題は何ですか？

2 何枚のベースを使いますか？

3 だれかが床に触れてしまったらどうなりますか？

4 1つのベースに同時に2人以上が触れたらどうなりますか？

5 どのような方法で，助け合うことができますか？

6　ムカデ歩き

チャレンジカード

用　具　チームスキーや長い歩行板1セット

開始の状態　グループのメンバーは，チームスキーの上に立ち，足を固定するとめ具に足を入れ，スタートラインにつく。

課　題　この課題は，グループのメンバーが体のどの部分も床や壁に触れずに，指定されたコースを歩ききったとき，達成されたことになる。

ルールと罰則

1．グループのメンバーは，指定されたコースをはじめから終わりまで移動しなければならない。
2．メンバーは，体のどの部分も床に触れてはいけない。
3．メンバー全員が，足を固定する輪に足を入れなければならない。
4．メンバーは，バランスを保つために壁や固定施設に触ってはいけない。
5．ルールを破ったら，そのグループはもう一度はじめからやり直す。
6．姓で呼んだり，非難してはいけない。

オーガナイザーカード

1 スタートはどこですか？

___

2 ゴールはどこですか？

___

3 歩いている間に，だれかが床に触れたらどうなりますか？

___

4 歩いている間に，だれかが壁や設置されているものに触れたらどうなりますか？

___

5 お互いを助け合うために，どんなことができますか？

___

7　地球を支えよ

チャレンジカード

用具　2本のタイヤと大きいボール（直径120cmかそれ以上の竹ヒゴでつくったボール）と，長い体育館のスペースが必要になる。

開始の状態　グループは，1本目のタイヤの上に置かれたボールの周りにカニ歩きの格好で座る。

課題　この課題は，ボールを床に触れさせることなく，1本目のタイヤから2本目のタイヤまで体育館を横切って移動させれば達成されたことになる。

ルールと罰則

1. ボールが床に触れてはいけない。
2. ボールがメンバーの手や腕に触れてはいけない。
3. ルールを破ったら，ボールを1本目のタイヤに戻してはじめからやり直さなければならない。
4. 姓で呼んだり，非難してはいけない。

オーガナイザーカード

1. チャレンジをはじめるとき，チームのメンバーはどのような状態になりますか？

2. ボールはどこに置けばよいのですか？

3. ボールに触れてはいけないのは体のどの部分ですか？

4. ボールが床に触れてしまったらどうするのですか？

5. 手や腕がボールに触れてしまったらどうするのですか？

8　タイヤブリッジ

チャレンジカード

用　具　メンバー1人に1本のタイヤと，もう1本を余分のタイヤが必要となる。開始と終了のラインを引く（普通はバスケットコートのラインを使う）。

開始の状態　グループは，川の片側に積み上げたタイヤのそばに立つ。

課　題　この課題は，タイヤを橋にして体育館の一方の端から他方の端まで移動すれば（川を渡れば）達成できたことになる。グループは，陸に上がってタイヤを垂直に積み上げなければならない。

ルールと罰則

1．生徒は陸に立つところから活動を開始しなければならない。
2．1本のタイヤの上に1人だけ乗ることができる。
3．メンバーの体の一部が川に（床）触れてしまった場合は，橋をはじめの位置に戻さなければなりらない。
4．2人が同じタイヤを踏んでしまったら，橋をはじめの位置まで戻さなければならない。
5．お互いを姓で呼んだり，非難してはいけない。

オーガナイザーカード

1. どこからどこまでが川ですか？

2. タイヤは何本使いますか？

3. だれかが川（床）に触れたらどうなりますか？

4. 2人が同時に1本のタイヤに乗ったらどうなりますか？

5. 課題が終了したとき，どこにいればよいですか？

6. 陸に着いたらタイヤをどうすればよいですか？

9　壁登り I

チャレンジカード

用　具　大きな折りたたみ式の安全マット（折りたたまない状態で長さ1.5〜3.0m，30cmの厚さのあるもの）を立てて壁にする。また，壁の下に敷く2枚のマットが必要である。壁が崩れたりしないように，安全マットの周りをロープかひもで縛っておく。

開始の状態　グループのメンバーは，壁の片側のマットの上に立つ。

課　題　この課題は，グループの全員が壁を乗り越えれば達成されたことになる。

ルールと罰則

1．安全マットを倒してはいけない。
2．安全マットの把っ手や，安全マットを結んでいるひもをつかんではいけない。
3．壁を2つに分けているラインを踏み越えてはいけない。
4．ルール1を破ったら，全員がやり直す。
5．ルール2や3を破ったら，ルールを破った人とすでに壁を越えた1人がやり直す。
6．姓で呼んだり，非難してはいけない。

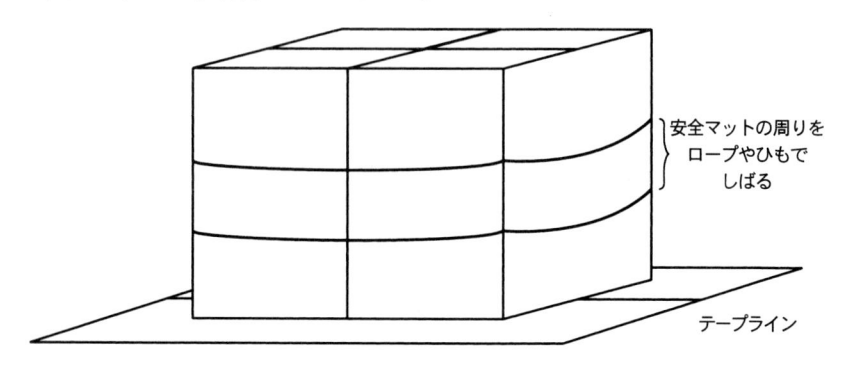

安全マットの周りを
ロープやひもで
しばる

テープライン

オーガナイザーカード

1 チャレンジの課題は何ですか？

2 だれかがラインを踏み越えたらどうなりますか？

3 だれかがロープやマットの把っ手をつかんだらどうなりますか？

4 壁が倒れたらどうなりますか？

5 挑戦課題が終了したとき，どこにいればよいですか？

10　グレイト・コミュニケーター

チャレンジカード

用具　グループの各メンバーには，鉛筆と絵を描く紙が必要である。グレイト・コミュニケーターには，課題となる絵が描かれた紙と，それを説明するときに使うクリップボードが1枚必要になる（例題Ⅰ・Ⅱ・Ⅲ・Ⅳ）。

開始の状態　グループのメンバーは，割り当てられた場所に半円または扇状に座る。グループのメンバーの中から1人がグレイト・コミュニケーターとして選ばれる。

課題　メンバーはそれぞれ，グレイト・コミュニケーターの説明を聞きながら図形を描く。

ルールと罰則　この課題に罰則はない。しかしグレイト・コミュニケーターは，円形，正方形，三角形，長方形，弓形などのことばを使ってはいけない。メンバーは，グレイト・コミュニケーターに質問をしてはいけない。

オーガナイザーカード

1. どんな用具を使いますか？

2. どのような状態でチャレンジを開始しますか？

3. グレイト・コミュニケーターに質問をすることができますか？

4. グレイト・コミュニケーターは，どのようなことばを使ってはいけないのですか？

例題 I

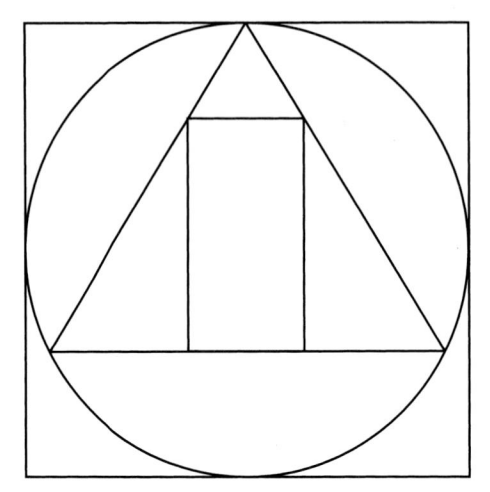

このような図形を描こう．そのとき，次のことばを使ってはいけない．
円形　正方形　三角形　長方形　弓形

例題 II

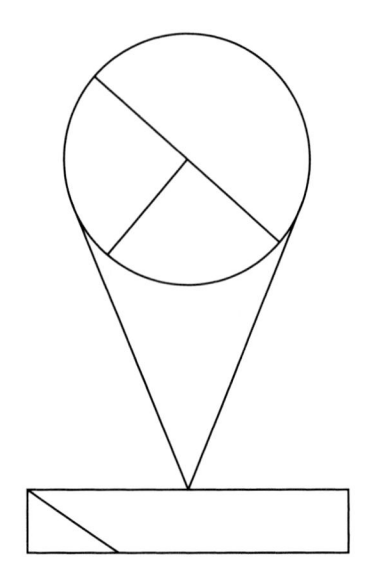

このような図形を描こう．そのとき，次のことばを使ってはいけない．
円形　正方形　三角形　長方形　弓形

例題 III

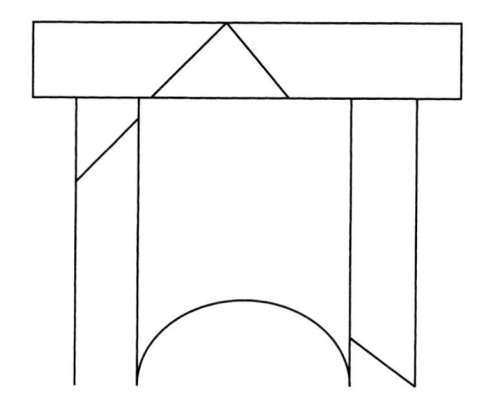

このような図形を描こう。そのとき，次のことばを使ってはいけない。
円形　正方形　三角形　長方形　弓形

例題 IV

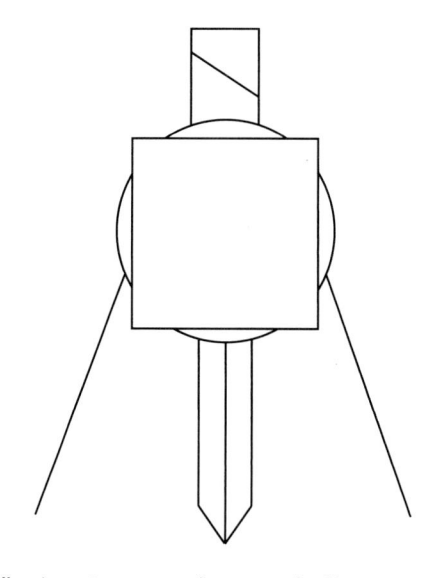

このような図形を描こう。そのとき，次のことばを使ってはいけない。
円形　正方形　三角形　長方形

11　警告！建設現場区域

チャレンジカード

用　具　4つの目隠しと1組の建設パズルを用意する。

開始の状態　目隠ししていないメンバーがパズルのピースを混ぜ，目隠ししているメンバーが建設現場区域の中に座った状態からチャレンジをはじめる。

課　題　目隠しした建設作業員は，目隠ししていないメンバーから指示を受けて，パズルを組み立てる。正しくパズルが組み立てられたときに，課題が達成されたことになる。建設作業員は，パズルが完成するまで目隠しを取ることはできない。

ルールと罰則

1．目隠ししたメンバーだけが，パズルのピースに触ることができる。目が見える状態のメンバーがパズルのピースに触ったら，そのグループは，もう一度，パズルをバラバラにしてはじめからやり直す。
2．目隠ししていないメンバーは，目隠ししたメンバーに触れてはいけない。その場合，ルール1と同じ罰則が適用される。
3．姓で呼んだり，非難してはいけない。

オーガナイザーカード

1 どんな用具を使いますか？

---

2 目隠ししていないメンバーが，目隠ししている建設作業員に触れたらどうなりますか？

---

3 目隠ししていないメンバーが，パズルのピースに触れたらどうなりますか？

---

4 目隠ししている建設作業員は，いつ目隠しを取ることができますか？

---

12 ボートこぎ

チャレンジカード

用具 標準サイズのマットを2枚,小さなタイヤを2本(できれば,ボートトレイラー用のタイヤ),なわとび用の長いロープあるいは物干し用のロープ2本を用意する。

開始の状態 グループのメンバー全員が,体育館の片側に集まったところからチャレンジをはじめる。

課題 この課題は,グループが,指定された用具を使って,体を床(川)に触れずに体育館の端から端まで横切ることができたとき,達成されたことになる。また,使った用具もすべて川の反対側まで運ばなければならない。

ルールと罰則
1. グループのメンバーの体が一部分でも床に触れたら,グループ全員がスタート地点に戻らなければならない。
2. 用具のすべてを,川の向こうに運ばなければならない。
3. マットは折りたたんだ状態でなければならない。マットが開いてしまったら,グループ全体がスタート地点に戻らなければならない。
4. マットが床に強く擦れて大きな音をたててしまったら,そのグループは再スタートしなければならない。
5. チームメイトを非難してはいけない。

オーガナイザーカード

① チャレンジはどこからはじまり，どこで終了するのですか？

_____

② だれかが川に触れたらどうなりますか？

_____

③ メンバーは，用具を使って何をしなければならないのですか？

_____

④ マットが床と擦れて大きな音を立てたときにはどうなりますか？

_____

⑤ マットを動かしているときに，折りたたんだマットが開いてしまったらどうなりますか？

_____

13 湿原車

チャレンジカード

用　具　標準サイズのマット4枚（各島に2枚を平行に並べる）。湿原車用のマットは，30cmごとに区切りのある幅1.8m，長さ3.6mのUSCマットを使用する。

開始の状態　グループのメンバーは，全員片方の島に集まる。マシーンもその島の上に置いておく。

課　題　グループのメンバー全員とマシーンが，無事にもう片方の島に移動できたとき，チャレンジは達成されたことになる。

ルールと罰則

1. メンバーが床（湿地帯）に触れたら，その人に加えて，うまく横断に成功した1人が第一の島に戻らなければならない。
2. 湿原車が壊れた場合，それが湿地帯にある間に乗っているメンバーが修復できれば，特別な罰則はない。湿地帯にある間に乗っているメンバーで修復できない場合は，グループ全体が第一の島に戻らなければならない。
3. 同じメンバーが2回以上連続して湿地帯を往復してはいけない。これに違反した場合は，その人に加えて，第二の島から1人が第一の島に戻らなければならない。
4. 湿地帯を横断するときは，必ず2〜4人のメンバーが湿原車に乗り込んでいなければならない。2人より少なく，4人より多かった場合は，グループ全体がチャレンジを最初からやり直さなければならない。
5. お互いを姓で呼んだり，非難してはいけない。

オーガナイザーカード

1 メンバーのだれかが床に触れたらどうなりますか？

_____

2 マシーンが途中で壊れたときはどうなりますか？

_____

3 湿地帯の中で壊れたマシーンを，自分たちで修復できないときはどうなりますか？

_____

4 メンバーが2回以上連続して湿地帯を渡った場合，どうなりますか？

_____

5 何人のメンバーが，マシーンに乗って湿地帯を渡らなければなりませんか？

_____

14　激流に架ける橋

チャレンジカード

用　具　自動車のタイヤ4本。長さ2.4m, 幅10cm, 厚さ5cmの板2枚。なわ2本（2.4〜4.3mの物干し用のロープが最もよい）が必要である。

開始の状態　グループ全員が用具を持ち，川の一方の端に引かれたスタートラインからチャレンジをはじめる。

課　題　この課題は，グループのメンバー全員が床に触れずに川を横切れば達成されたことになる。メンバーは，すべての用具を向こう岸まで運ばなければならない。

ルールと罰則

1．メンバーは川（床）に触れてはいけない。
2．板の一方の端が川にあるときは，メンバーは板に乗ってはいけない（板がたわんで床に触れるのはよい）。
3．ルールを破ったら，グループは橋をスタートラインに戻し，はじめからやり直さなければならない。
4．姓で呼んだり，非難してはいけない。

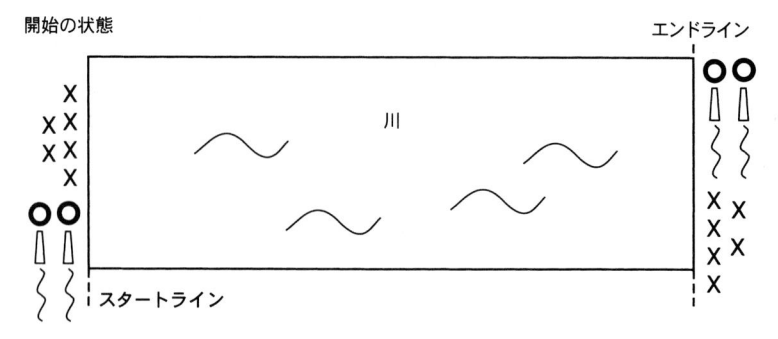

〈安全上の留意点〉
板の端を踏むと，板が跳ね上がることがあるので注意すること。

オーガナイザーカード

1. どんな用具を使いますか？

   _____

2. どこからどこまでが川ですか？

   _____

3. だれかが川（床）に触れたらどうなりますか？

   _____

4. 板が川の中にあるとき，だれかがそれに乗ったらどうなりますか？

   _____

5. 課題が終了したとき，どこにいればよいですか？

   _____

6. 安全面で特に注意することは何ですか？

   _____

15 人間掲示板

チャレンジカード

用具 吊り下げた積荷用ネット，安全のためにネットの下に敷くマットあるいは安全マット（2〜4枚），選択される文字リスト，そして計画を立てるための紙と鉛筆が必要である。

開始の状態 グループのメンバーは，ネット横のマットの上に立ち，ネットの片側を使ってチャレンジを開始する。

課題 この課題は，メンバー全員で，教師によって指定された12文字のうちの8文字を組み立てたとき，達成されたことになる。

ルールと罰則

1. グループの全員は床から離れ，ネットの上にいなければならない。
2. 全員がネットの同じ面にいなければならない。
3. 新しい文字をつくる前に，全員が一度ネットから降りなければならない。
4. 全員がチームメイトをファーストネームで呼ばなければならない。
5. お互いを姓で呼んだり，非難してはいけない。

このチャレンジに罰則はない。組み立てた文字を教師が承認すれば，次の新しい文字をつくることができる。

オーガナイザーカード

1. どんな用具を使いますか？

2. 文字はいくつつくりますか？

3. ネットには，何人のメンバーが登らなければいけませんか？

4. メンバーは，ネットの同じ面に登らなければいけませんか？

5. このチャレンジの罰則は何ですか？

6. 文字が承認されたら，グループはどうしますか？

16　ジャンピングマシーン

チャレンジカード

用具　長い綱引き用のロープ1本と，ロープを安全に回すのに十分なスペースが必要である。

開始の状態　メンバー全員が，床に置かれた綱引き用のロープの横に立つ。

課題　この課題は，グループのメンバー全員で，失敗せずに10回連続してなわを跳ぶことができたとき，達成できたことになる。ただし，全員が同時にジャンプしなければならない。

ルールと罰則

1．なわの両端に回す人が1人ずつ立つ。その他の人は全員なわを跳ぶ。
2．跳躍が連続している場合にカウントされる。
3．なわは，跳ぶ人の頭の上と足の下を通るように，大きく回さなければならない。
4．失敗したら，やり直さなければならない。
5．なわの末端を持って回す必要はない。
6．お互いを姓で呼んだり，非難してはいけない。

オーガナイザーカード

1. どんな用具を使いますか？

   _____

2. 何回ジャンプをつづけなければなりませんか？

   _____

3. 連続してジャンプしなければなりませんか？

   _____

4. 失敗したらどうしますか？

   _____

5. ロープは頭の上を越えなければならないですか？

   _____

6. ジャンプの回数を大きな声を出して数えるのですか？

   _____

7. いつからジャンプを数えはじめますか？

   _____

17　流砂越え

チャレンジカード

用　具　吊り下げられた荷物用のネット1つ，長なわ1本，そして安全のためのマット4枚以上が必要である。

開始の状態　グループのメンバー全員が，ネットの一方の側にあるスタートラインのうしろに立つ。ネットは流砂の上にかかっている。

課　題　この課題は，メンバー全員が流砂を渡り，陸（マット）の上に立てれば達成されたことになる。

ルールと罰則

1．スタートラインとゴールラインの間の区域が流砂である。
2．グループのメンバーが流砂（床またはマット）に触ったら，触った人と流砂を渡りきっているうちの1人が，はじめからやり直さなければならない。
3．流砂を渡りきり，陸（マット）に立っているメンバーがゴールラインを越えて，流砂に踏み込んでしまったら，その人とすでに渡っているもう1人がはじめからやり直さなければならない。
4．陸のマットをゴールラインと重ならないようにしておく。
5．姓で呼んだり，非難してはいけない。

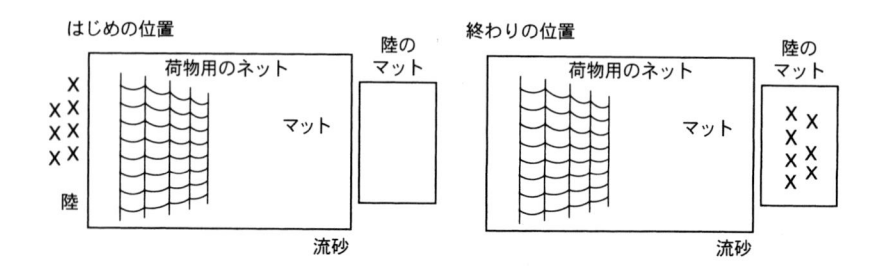

オーガナイザーカード

1 どんな用具を使いますか？

2 どこからどこまでが流砂ですか？

3 だれかが流砂に触れたらどうなりますか？

4 陸のマットがゴールラインに重なった場合，どのようにすべきですか？

5 チャレンジが達成されたとき，グループのメンバーはどこにいますか？

18 ジャングルのターザン

チャレンジカード

用具 3本以上のクライミングロープ，安全のために床に敷くマット，崖にする跳び箱あるいは4～5枚のマット，そして自動車のタイヤ2本が必要である。

開始の状態 グループのメンバーは全員，崖Ⅰの上に立ち，チャレンジをはじめる。

課題 メンバーは，ロープを使って崖Ⅰから崖Ⅱまで振副して移動しなければならない。グループの全員が床に触れずに崖Ⅱまで渡ることができたとき，課題が達成されたことになる。

ルールと罰則

1. メンバーの1人が崖の間の床に触れたら，その人とすでに崖Ⅱまで渡っている1人が，最初の位置に戻らなければならない。
2. グループのメンバーが，活動中に崖から落ちてしまったら，その人とうまく渡れた1人が，最初の位置に戻らなければならない。
3. グループのメンバーは，タイヤの上に立ち，崖Ⅱを支えたり，他のメンバーを補助してもよい。
4. 姓で呼んだり，非難してはいけない。違反した場合は，その人とうまく渡れた1人が崖Ⅰに戻らなければならない。

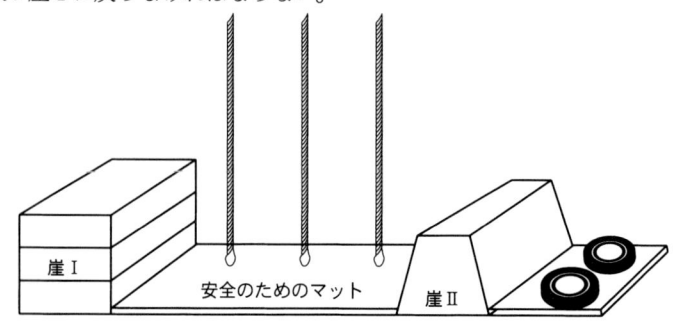

オーガナイザーカード

1. どんな用具を使いますか？

2. どこからチャレンジをはじめますか？

3. この課題の終わりの位置はどこですか？

4. だれかが床に触れたらどうなりますか？

5. だれかが崖から落ちてしまったらどうなりますか？

6. タイヤはどのように使うことができますか？

19　壁登り II

チャレンジカード

用　具　3枚の厚い大きな安全マットか，1.8〜2.0mの高さに積み重ねたマット（マットは2つ折りにする）が必要である。また，安全マットの下に敷く2枚以上のマットが必要になる。活動場所は，ラインテープで2つに分ける（壁の手前側と向こう側を区分する）。

開始の状態　グループのメンバー全員が，壁の片側の床に敷いたマットの上に立つ。

課　題　この課題は，グループのメンバー全員が壁を乗り越え，壁の反対側のマット上に立てれば達成されたことになる。

ルールと罰則

1．生徒は，安全マットの把っ手や縛りつけたひもをつかんではいけない。
2．活動場所を区分しているラインを越えてはいけない。
3．グループのメンバーは，いったん壁から降りてしまうと，チームメイトを助けるために再び壁の上に戻ることはできない。
4．メンバーは，壁の上にいるとき以外は，必ずマットの上にいなければならない。また，マットのわきの床には絶対触れてはいけない。
5．ルールが破られたら，破った人とすでに壁を越えた1人が，最初からやり直さなければならない。
6．姓で呼んだり，非難してはいけない。

オーガナイザーカード

1. チャレンジの課題は何ですか？

   _____

2. 活動場所を２つに区切っているラインをまたぎ越してしまったらどうなりますか？

   _____

3. マットから踏み出してしまったらどうなりますか？

   _____

4. ロープやマットの把っ手をつかんでしまったらどうなりますか？

   _____

5. 壁の上からマットの上に降りてしまったらどうなりますか？

   _____

6. 課題が終わったとき，グループのメンバーはどこにいますか？

   _____

20　激流渡り

チャレンジカード

用　具　青，赤，黄，白の大きな輪と何枚かの屋内用ベースが必要である。
開始の状態　グループのメンバーは，スタートラインのうしろに立つ。
課　題　この課題は，全員が輪やベースの外に出ずに，体育館の端から端まで移動できたとき，達成されたことになる。グループのメンバーは，決められた方法で，色のついた輪やベースを使うことができる。

1．青い輪は1人以上の人が入れる安全な輪である。
2．赤い輪は危険である。だれも輪の中に入ることはできない。赤は危険を意味する。
3．ベースには，片足だけを置くことができる。体の他の部分はベースに触れることはできない。一度に1人だけベースに入ることができる。
4．黄色の輪には，1人分の手（2つの手）を置くことができる。1人の両手か，2人の片方の手のどちらかである。
5．白い輪は片手だけ置くことができる。この中に体の他の部分は触れてはいけない。

ルールと罰則

1．色のついた輪は，体のある部分しか触ることができないことをしっかり覚えておく。間違った姿勢で輪に入ってしまったら，その人は最初からやり直さなければならない。
2．輪の外の床に触れてしまったときは，川の中に落ちたことになり，その人は最初からやり直さなければならない。
3．チームメンバーを姓で呼んだり，プレッシャーをかけたり，非難した場合は，最初からやり直さなければならない。

オーガナイザーカード

1 輪の外側の床に触れたらどうなりますか？

2 輪を間違って使った場合にはどうなりますか？

3 スタートの位置はどこですか？

4 終わりの位置はどこですか？

5 チームのメンバーを姓で呼んだり，非難したときはどうなりますか？

21　島からの脱出

チャレンジカード

用　具　島として使うタイヤ5本，コーン5つ（できれば50cmのコーン），スクーター6台，跳びなわ5本を用意する。およそバスケットボールコートの長さで，3.0～4.5m幅のスペースが必要である。

開始の状態　グループのすべてのメンバーは，体育館の片方の端に集まり，そこからチャレンジをはじめる。

課　題　グループは，島から島へ全員で旅をしなければならない。また，最後のメンバーが島を離れたあとに1台のスクーター，1つのコーン，1本の跳びなわをそれぞれの島に残しておかなくてはならない。これらができたとき，チャレンジは達成されたことになる。

ルールと罰則

1．グループのメンバーが床に触れた場合は，その人に加えて，先に進んでいる1人がスタートに戻らなければならない。
2．メンバーが湖を横断したあとに反則が起こった場合は，スクーター1台をスタート地点まで戻さなければならない。
3．グループのメンバーが2つの島を進んでしまい，他のメンバーとの間にだれもいない島ができてしまった場合は，先に進んだメンバーは他のメンバーが進む前に，島を1つ戻らなければならない。
4．タイヤを動かしてはいけない。
5．島をとばして移動してはいけない。
6．悪口を言ったり，非難してはいけない。

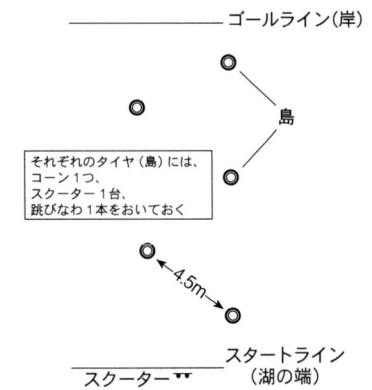

オーガナイザーカード

1. メンバーのだれかが床に触れたときにはどうなりますか？

   _____

2. タイヤを動かすことはできますか？

   _____

3. 島をとばして移動することはできますか？

   _____

4. 最後のメンバーが島を離れるとき，それぞれの島に何を置いてこななければなりませんか？

   _____

22　有毒廃棄物輸送

チャレンジカード

用具　2つのコンテナを用意する。1つはロープが取りつけられていて，有毒廃棄物が入れてあるコンテナで，もう1つはロープのついていない空のコンテナである。また，防御服，長ぐつ，手袋，帽子，ヘルメットを用意する。

開始の状態　グループのメンバーは，毒物が入った方のバケツの周りに立ち，それぞれがロープの端を持ってチャレンジをはじめる（何人かのメンバーは2本以上のロープをもつことになるかもしれない）。

課題　この課題は，毒物を床に残さず，すべてを1つ目のバケツから2つ目のバケツに移すことができたとき，達成されたことになる。

ルールと罰則

1．有毒廃棄物の入ったバケツが床に触れた場合，グループ全員がスタートからやり直さなければならない。

2．グループのメンバーが，防御服を着ていない状態で，輸送バケツの有毒廃棄物に触れた場合は，グループはスタートからやり直さなければならない。

3．グループのメンバーが，ロープのラインテープ間以外の部分に触れた場合，グループは再スタートしなければならない。

4．有毒廃棄物処理の専門家がこぼれた中身を間違ったコンテナに入れてしまった場合，グループは再スタートしなければならない。

5．毒物がこぼれたら，そのときはグループの中で選ばれた1人が有毒廃棄物の専門家になり，防御服を着て，こぼれた毒物を回収することができる。

6．専門家が防御服をすべて脱ぐまでは，行動を再開することができない。罰則はスタート地点からのやり直しである。

7．ロープを床につけてはいけない。もし床についたときは，そのグループはスタート位置からやり直しになる。

8．悪口を言ったり，非難してはいけない。

オーガナイザーカード

1. 毒物の入ったバケツが床に触れたらどうなりますか？

   _____

2. 防御服を着ないで毒物に触れたらどうなりますか？

   _____

3. 毒物をこぼしてしまった場合，どのバケツに毒物を回収すればよいのですか？

   _____

4. バケツと赤いマークの間のロープに触れたらどうなりますか？

   _____

5. ロープが床に触れてしまった場合，どうなりますか？

   _____

23　ムカデ歩きⅡ

チャレンジカード

用　具　レスリング場などに敷くマット，9mほどの通路，スタートラインやゴールラインを示すコーンとテープを用意する。

開始の状態　チームメンバー全員が，スタートラインに立ったところからチャレンジをはじめる。

課　題　グループは，7人のメンバーの体の5カ所だけをマットに接触させながら，9mの距離を安全に移動する。その際，ピラミッドをつくったり，だれかの上にたくさんのメンバーが乗ったりするような危険なことをしてはいけない。これらができたとき，チャレンジは達成されたことになる。

ルールと罰則

1. 床と体の接するポイントが規定された数を超えた場合，チーム全体がスタート地点まで戻らなければならない。
2. 悪口を言ったり，非難してはいけない。

オーガナイザーカード

1 どのような用具を使いますか？

_____

2 チームのメンバーの体の5カ所以上が床に触れてしまった場合，どうなりますか？

_____

3 ピラミッドをつくってもよいですか？

_____

4 課題が達成されたとき，グループのメンバーはどこにいますか？

_____

24 難破船

チャレンジカード

用 具 バレーボール用の支柱3本，自動車のタイヤ3つ，スクーター2台，ロープ（長さ6m以上）1本，および船1艘（折りたたんだマット2枚を並べてつくる）を用意する。

開始の状態 メンバーは，スタートラインの手前の船の上からチャレンジをはじめる。バレーボールの支柱とタイヤを除くすべての用具は，船の上に置いておく。

課 題 すべてのメンバーは，彼らがいる船から約18m離れた岸まで移動しなければならない。その際メンバーは，体を床につけてはいけない。すべてのメンバーが今いる島にたどり着く前に，次の島へ移動してはいけない。これらができたとき，チャレンジは達成されたことになる。また，課題が達成されたときには，すべてのメンバーと用具が岸に到着していなければならない。

ルールと罰則

1. メンバー全員が，第一の島に移りきらない限り，第二の島に移動することはできない。
2. メンバー全員が，第二の島に移りきらない限り，岸に移動することはできない。
3. グループのメンバーは，体のどの部分も水に触れることができない。
4. ルールに違反した場合は，ルールに違反した人に加えて，移動に成功した1人が，船に戻って再スタートしなければならない。
5. 悪口を言ったり，非難してはいけない。

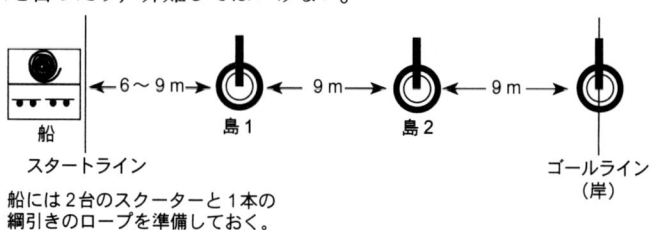

船 ←6〜9m→ 島1 ←9m→ 島2 ←9m→ ゴールライン（岸）
スタートライン

船には2台のスクーターと1本の綱引きのロープを準備しておく。

オーガナイザーカード

1. どんな用具を使いますか？

   _____

2. 船と岸の間の海に，だれかの体が触れてしまったらどうなりますか？

   _____

3. 1つ目の島にチームのメンバー全員が到着する前に，2つ目の島をめざすことができますか？

   _____

4. お互いを姓で呼んだり非難したりした場合，どうなりますか？

   _____

5. チャレンジが達成されたとき，グループのメンバーはどこにいますか？

   _____

25 ボール輸送

チャレンジカード

用具 ポールを5組（長さ2.4〜3.0m），バスケットボールを3個，ボールを置くためのリングを3個，短めのプランジャー（排水管用の掃除用具）を4本，1.5〜1.8mのモップ用の棒にとりつけたプランジャーを1本，そして保管容器やゴミ入れなどの大きなコンテナを1つ用意する。

開始の状態 メンバーは，ボールが置いてある場所に近いところからチャレンジをはじめる。

課題 メンバーは，5組のポールの上を転がして，ボールをコートの向こう側にあるバスケットまで運び，それから柄の長いプランジャーを使ってボールをバスケットに落とし，そのまま大きなコンテナの中にボールを入れなくてはならない。これらができたとき，チャレンジは達成されたことになる。ボールは，メンバーの頭の上を通過させなければならない。

ルールと罰則

1. ボールが床に触れた場合，最初からやり直さなければならない。
2. ボールがメンバーの体に触れた場合，ボールをスタートの位置に戻さなければならない。ボールはポールを持っている人の手の上を転がってもよい。
3. 1人のメンバーが一度に持てるプランジャーは1本だけで，2本以上のプランジャーを持った場合，ボールを最初の位置に戻さなければならない。
4. ボールはバスケットボールのリングを通過して，コンテナの中に入れなければならない。失敗した場合は，ボールを最初の位置に戻さなければならない。
5. 悪口を言ったり，非難してはいけない。

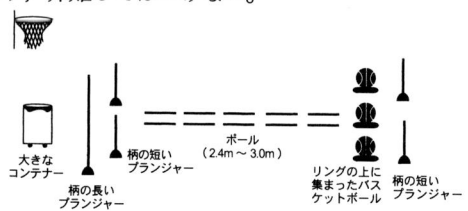

オーガナイザーカード

1. どこからチャレンジをはじめればよいですか？

2. どのバスケットにボールを運べばよいですか？

3. 何を使ってボールをもちあげればよいですか？

4. ボールが床に触れたときはどうすればよいですか？

5. ボールがメンバーの体に触れたときにはどうすればよいですか？

6. 質問5の例外になるのはどのようなときですか？

7. バスケットの中に何を使ってボールを入れればよいですか？

8. ポールは，頭の上までもちあげて使わなければならないですか？

9. 各メンバーが一度に持つことのできるプランジャーはいくつまでですか？

26 ブラックホール

チャレンジカード

用具 バレーボールの支柱2本，フラフープ1つ，支柱間にフープを吊り下げるためのロープ，そして最低4枚のマットが必要になる。

開始の状態 グループのメンバー全員が，吊るされたフラフープ（ブラックホール）の片側に立ったところからチャレンジをはじめる。グループのメンバーは，マットの上にいなければならない。

課題 この課題は，メンバー全員がフープの一方のサイド（宇宙空間）から他方のサイド（地球）へ，フープをくぐることができたら達成されたことになる。

ルールと罰則
1. メンバー全員がブラックホールを通過しなければならない。
2. ブラックホール（フープ）には触れてはいけない。
3. フープに飛び込んではいけない（飛び込み前転をしてはいけない）。
4. 2つの空間を分けているラインをまたぎ越してはいけない。
5. 課題に挑戦している間は，メンバーはマット上にいなければならない。
6. ルールに違反した場合，違反した人とすでに通過した1人がやり直さなければならない。
7. 姓で呼んだり，非難してはいけない。

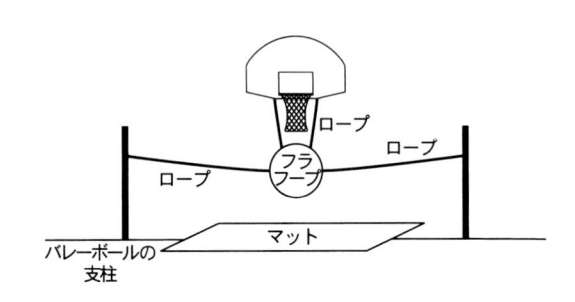

オーガナイザーカード

1. どのような状態から，チャレンジをはじめますか？

2. チャレンジが終了したとき，どのような状態になっていればよいですか？

3. ブラックホール（フープ）に触れるとどうなりますか？

4. 空間を2つに分けているラインをまたぎ越してしまったとき，どうなりますか？

5. だれかがフープの中に飛び込んだらどうなりますか？

27　電気網

チャレンジカード

用　具　高い平均台1台，最低7枚のマット，バドミントンかバレーボールのネットと，その支柱2本が必要になる。

開始の状態　メンバーは全員，平均台の一方の端に敷いた入口のマットの上に立ち，チャレンジをはじめる。

課　題　この課題は，メンバー全員が電気網に触れずに入口のマットから出口のマットまで進むことができれば達成されたことになる。メンバー全員が，ネットの下を通らなければならない。

ルールと罰則

1. メンバーは，平均台に上がってから課題に取り組まなければならない。
2. 入口と出口（岩棚Ⅰと岩棚Ⅱ）の間にいるときは，床やマットに触れてはいけない。
3. メンバーは，電気網に触れずに，その下を通過しなければならない。
4. 生徒たちは，平均台から降りる前に平均台の上に一度座らなければならない。
5. 平均台から降り，出口のマットに移ってしまった生徒は平均台の上に戻ることができない。
6. 平均台にぶら下がっているメンバーを補助できるのは，平均台の上にいるメンバーだけである。
7. ルール違反があった場合は，違反した人とすでに通過した1人が課題をやり直す。
8. 姓を呼んだり，メンバーを非難した場合は，違反した人とすでに通過した1人が課題をやり直す。

オーガナイザーカード

1. 入口のマットはどこにありますか？

2. 出口のマットはどこにありますか？

3. 入口のマットと出口のマットの間の床に触れてしまったらどうなりますか？

4. 電気網の下を通らなければいけませんか？

5. 電気網に触れたらどうなりますか？

6. 平均台から降りる前に何をしなければなりませんか？

7. 課題が終了したとき，チームのメンバーはどこにいますか？

28 グランドキャニオン

チャレンジカード

用具 クライミングロープ，跳び箱（あるいは，互いに重ね合わせたマット4枚），安全確保のために床に敷くマット4〜6枚，そしてスタートラインをつくるテープが必要である。

開始の状態 メンバー全員が，スタートラインのうしろに立って，跳び箱の方向を向く。床のラインはスタートラインを示している。

課題 この課題は，メンバー全員がグランドキャニオンを越え，跳び箱の上に立てれば達成されたことになる。

ルールと罰則

1. スタートラインと跳び箱の間がグランドキャニオンである。
2. メンバーが，グランドキャニオンに触れてしまった場合には，床に触れてしまった人とうまくキャニオン（峡谷）を越えている1人が，はじめからやり直さなければならない。
3. メンバーが跳び箱から落ちたときには，その人とすでに成功している1人が，はじめからやり直さなければならない。
4. お互いを姓で呼んだり，非難してはいけない。このルールを破った場合，破った人と成功している1人が，はじめからやり直さなければならない。
5. スタートラインを越えて立つと，ルール2の違反になる。このルールは厳密に適用される。

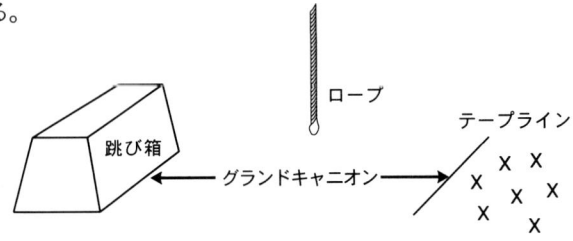

オーガナイザーカード

1 どこからどこまでがグランドキャニオンですか？

___

2 グランドキャニオンに触れたらどうなりますか？

___

3 跳び箱から落ちてしまったらどうなりますか？

___

4 だれかがスタートラインをまたぎ越してしまったらどうなりますか？

___

5 チャレンジが終了したとき，チームのメンバーは何をしますか？

___

29　パワーライン

チャレンジカード

用具　鉄棒を1台と，安全確保のためのマットを1枚，長さ90cm，幅10cm，厚さ5cmの板1枚が必要になる。

開始の状態　メンバーは全員，パワーライン（鉄棒）のスタート側のマット上に立ったところからチャレンジをはじめる。

課題　この課題は，メンバー全員が，パワーラインに触れずにそのラインを越えることができれば達成されたことになる。板もパワーラインに触れることはできない。

ルールと罰則

1. 越える人も助ける人も，パワーラインに触れることはできない。
2. メンバーは，パワーラインを越えるとき以外は，マットの上にいなければならない。
3. 板がパワーラインに触れてはいけない。
4. パワーラインを越えたメンバーは，スタート側の床に触れてはならないし，チームメイトを助けるために鉄棒の下をくぐることもできない。
5. ルールが破られた場合には，破った人とすでに越えた1人が，はじめからやり直さなければならない。
6. 姓を呼んだり，非難してはいけない。

オーガナイザーカード

1. スタート側のマットはどう敷きますか？

2. 着地側のマットはどう敷きますか？

3. グループのメンバーがパワーラインに触れたらどうなりますか？

4. 板がパワーラインに触れたらどうなりますか？

5. スタート側や着地側のマットから踏み出すことができますか？

6. チャレンジが終了したとき，グループはどこにいますか？

30　飛び石渡りⅡ

チャレンジカード

用　具　各メンバーに1枚のベースと，それ以外に余分のベース1枚が必要である。また，チームの半数ずつを区別できるように違った色のシャツを用意する。

開始の状態　グループのメンバーは，真ん中に空いたベースをはさんで，直線状に並べたベースの上にそれぞれ立つ。メンバーには，文字か数字をつける。

[4]　[3]　[2]　[1]　□　[A]　[B]　[C]　[D]

チームは半分に分かれ，空いたベースの方を向く。

課　題　この課題は，次のように並び替われば達成されたことになる。

[A]　[B]　[C]　[D]　□　[4]　[3]　[2]　[1]

ルールと罰則

1．別のベースに移動するとき以外は，メンバーはベースを離れてはいけない。
2．別のベースに移動（前進）できるのは1人だけである。
3．同じベースに立てるのは1人だけである。
4．新しいベースに移動するときには，メンバーの1人がベースを1つ進むか，1人のチームメイトの横を通って1つ先のベースに移動する。しかし，一度に2人のチームメイトの横を通って移動することはできない。
5．一度に移動できるのは，1人だけである。
6．ルールを破ったり，グループが移動できなくなってしまうと，最初の位置に戻らなければならない。
7．姓を呼んだり，非難してはいけない。

オーガナイザーカード

1　チャレンジをはじめるとき，どのように並びますか？

_____

2　チャレンジが終わるときには，どのように並んでいますか？

_____

3　余分なベースはどこに置きますか？

_____

4　どのようなときに，他のベースに移動することができますか？

_____

5　うしろに動くことはできますか？

_____

6　同時に2人が動くことはできますか？

_____

7　一度に2つあるいはそれ以上のベースを移動することができますか？

_____

8　1つのベースに同時に何人立つことができますか？

_____

31 テーブルをとりまく騎士

チャレンジカード

用 具 テーブルの下を余裕をもって移動することのできる，大きくて頑丈なテーブルを1台。このテーブルは，約1.5～1.8mの大きさが必要である。この他に，スタートライン，ゴールラインを引くためのテープ1本と大きなマット2枚を用意する。

開始の状態 メンバーは，テーブルの端から約90cmのところに引かれたスタートラインからチャレンジをはじめる。

課 題 メンバーは，床に体を触れずにテーブルの上を横切り，次に下にもぐりこみ，また上を横切る。すべてのメンバーがゴールラインを越えたとき，チャレンジが達成されたことになる。

ルールと罰則

1. メンバーの1人が，スタートラインとゴールラインの間の床に触れてしまった場合，その人ともう1人がスタートに戻る。
2. 一度テーブルを越えてゴールラインまでたどりついたら，テーブルには戻れない。
3. スタートラインもしくはゴールラインの外側にいる人は，他のメンバーがテーブルを回るのを手助けしてもよい。ただし，テーブルに触れてはいけない。
4. 否定的なプレッシャーをかけたり，仲間を非難してはいけない。
5. チームメイトを姓で呼ばない。

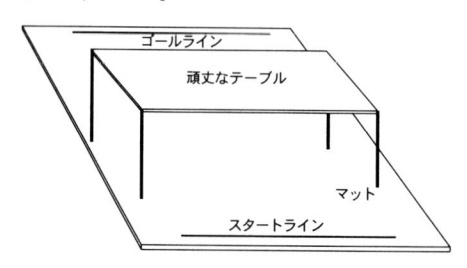

オーガナイザーカード

1. どのような用具を使いますか？

2. だれかがスタートラインとゴールラインの間の床に触れたらどうなりますか？

3. スタートラインとゴールラインの外側にいる人がテーブルに触れたらどうなりますか？

4. テーブルの上から移動してゴールラインに到着したあとで，再びテーブルの上に戻ることができますか？

5. メンバーにプレッシャーをかけたり，お互いを非難したり，姓で呼んだりしたらどうなりますか？

32　グランドキャニオンⅡ

チャレンジカード

用　具　グランドキャニオンを渡るためのクライミングロープが1本，断崖をつくるための2枚の大きな安全マットが必要である。必要ならば，広い範囲にマットを敷くとよい。

開始の状態　メンバーは，断崖Ⅰの上からチャレンジをはじめる。

課　題　この課題は，すべてのメンバーが，グランドキャニオンを渡って断崖Ⅱに着いたときに，達成されたことになる。

ルールと罰則

1．グループのメンバーが床（グランドキャニオン）に触れた場合，その人とすでに成功した1人が断崖Ⅰへ戻る。
2．グループのメンバーが断崖から床へ落ちた場合，その人とすでに成功した1人が断崖Ⅰへ戻る。
3．姓で呼んだり，非難してはいけない。

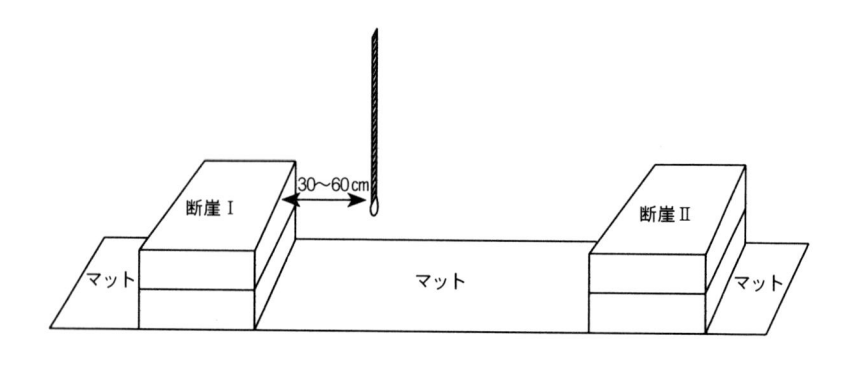

オーガナイザーカード

1. どの場所がグランドキャニオンになりますか？

   _____

2. だれかがグランドキャニオンに触れたらどうなりますか？

   _____

3. だれかが断崖から落ちたらどうなりますか？

   _____

4. チャレンジが達成されたとき、グループはどこにいなければなりませんか？

   _____

5. チャレンジが達成されたとき、グループのメンバーは何をすればよいのですか？

   _____

33　クモの巣城

チャレンジカード

用具　2つの高い平均台，あるいは重いテーブル，いす，バレーボールの支柱のようなものが必要である。この他，18m～27mの弾力性のあるひもあるいは毛糸と，3枚の大きいマットが必要である。

開始の状態　クモの巣の一方の端からスタートする。

課題　チームのメンバーは，クモの巣の一方の端からもう一方の端へ移動しなければならない。移動のときは，クモの巣の上を渡らなくてはならないが，1つの網の目に3人以上のメンバーが同時に入ることはできない。

ルールと罰則

1. グループのメンバーは，全員クモの巣の一方の端からスタートする。
2. チームのメンバーは，クモの巣に触れることはできない。
3. 3人以上のメンバーが，同時に1つの網の目の中に入ることはできない。
4. グループのメンバーは，クモの巣の下を通れない。
5. ルール違反があれば，違反した人に加えて，すでに成功している1人がはじめからやり直す。
6. お互いを非難したり，姓で呼んだりしてはいけない。

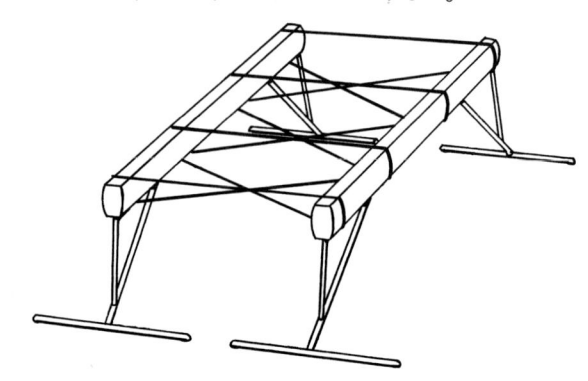

オーガナイザーカード

1. どこからチャレンジをはじめますか？

___

2. チャレンジの課題は何ですか？

___

3. だれかが網の目や支柱に触れたら，どうなりますか？

___

4. 網の目の下をはって進むことはできますか？

___

5. お互いを非難したり姓で呼んだ場合，どうなりますか？

___

6. チャレンジが終了したとき，グループのメンバーはどこにいなければなりませんか？

___

34 アマゾンに架かる橋

チャレンジカード

用 具 川の端から端まで，安全マットか走り高跳び，または棒高跳び用のエバーマットを敷く。この他に，長さ2.4〜2.8m，幅10cm，厚さ5cmの板を2枚，車のタイヤ4本，クライミングロープ1本，折りたたんだマット2枚，そして大きなマット2枚が必要である。

開始の状態 チームのすべてのメンバーは，岩棚Aからチャレンジをはじめる。

課 題 この課題は，割り当てられた用具を用いながら，チームのメンバーが，川に落ちることなく岩棚Aから岩棚Bまで移動することができたとき，達成されたことになる。

ルールと罰則

1. メンバーは，川から落ちることなく横断しなければならない。だれかが川に触れれば，その人と他のチームメイト1人がスタート地点に戻らなければならない。
2. 板を川の中に残してきてはいけない。また，板は，タイヤに支えられていなければならない。
3. 橋をつくっている材料は，すべて川を横断して持ち運ばれなければならない。
4. チームメイトを姓で呼んだり，非難してはいけない。

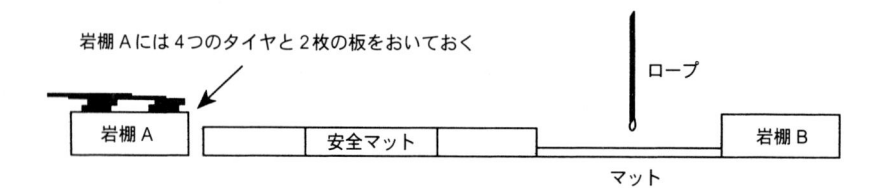

オーガナイザーカード

1. スタートとゴールはどこですか？

---

2. だれかが川に触れたら，どうなりますか？

---

3. お互いにプレッシャーをかけたり，姓で呼びあった場合，どうなりますか？

---

4. チャレンジが終わったとき，すべての用具はどこに運ばれることになりますか？

---

35 失われた宝石の奪回

チャレンジカード

用具 チームメンバー1人につき1台のスクーターとそれ以外の特別のスクーター1台。厚さ5 cm幅10cm,長さ2.4～2.8mの板4枚。パドルとしていくつかのプランジャーを用意する。また,失われた宝石として,直径約120cmのかごでつくった大きなボールを用意する(宝石は,4～5つのタイヤを積んだところに固定して置いておく)。

開始の状態 グループのメンバーは,宝石のある位置とは反対側の体育館の端からチャレンジを開始する。

課題 この課題は,グループが失われた宝石を取り戻し,スタートラインまで無事にもち帰り,タイヤの上に置くことができたときに達成される。

ルールと罰則
1. チームのメンバーは,手で宝石に触れてはいけない。
2. 宝石を床に落としてはいけない。
3. メンバーは,川に体を触れさせてはいけない。
4. メンバーは,宝石を頭以外の部分に触れさせてはいけない。
5. チームのメンバーは,障害物に触れてはいけない。
6. 仲間を姓で呼んだり,非難してはいけない。
7. ルール違反があれば,グループは基地に戻り,はじめからやり直す。

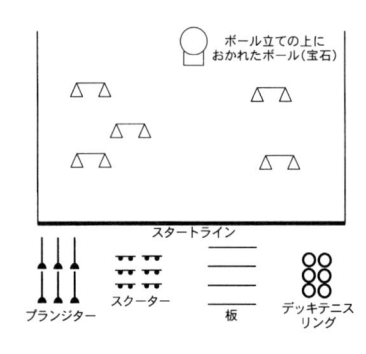

オーガナイザーカード

1. どのような用具を準備すればよいですか？

   _____

2. メンバーのだれかが床に触れてしまったらどうなりますか？

   _____

3. 宝石を運ぶとき，何を使うことができますか？

   _____

4. 宝石が床に触れてしまったらどうなりますか？

   _____

5. スクーターで進むために，何を使ったらよいですか？

   _____

チームレポートカード

1. チャレンジを解決するとき，チームのメンバーはどのように関わり合いましたか。

2. チャレンジしている間に，友だちにプレッシャーをかけたり，非難したりしませんでしたか？

3. お互いに仲間の意見に耳を傾け，みんなで決めたアイディアを用いましたか？

4. だれが，どのくらい友達をほめたり，励ましたりしましたか？

5. どんなほめことばがありましたか？

教師の準備ノート

○チャレンジ名

○難易度

○準備する用具

○課題

○ルールと罰則

○バリエーション

○安全上の留意点

著者・訳者一覧

[著　者]
○Daniel W. Midura（ダニエル W. ミドゥラ）
　Roseville Area Schools Minnesota.
○Donald R. Glover（ドナルド R. グローバー）
　White Bear Lake Area Public Schools, Minnesota.

[訳　者]
○監訳：高橋健夫（日本体育大学教授）
　著者・訳者まえがき，第1章，第2章，コラム1・2・3
○岡出美則（筑波大学准教授）
　第5章　上級チャレンジ26～30, 36
○長谷川悦示（筑波大学准教授）
　第3章　初級チャレンジ10～13，第4章　中級チャレンジ15, 21～25
○松本富子（群馬大学教授）
　第3章　初級チャレンジ1～9，第4章　中級チャレンジ14, 16～20
○岩田靖（信州大学准教授）
　第6章　学習カード1～9, 14～20, 26～30, 36
○吉野聡（茨城大学准教授）
　第5章　上級チャレンジ31～35
○細越淳二（国士舘大学准教授）
　第6章　学習カード10～13, 15～25, 31～35

研究協力校
○茨城県千代川村立宗道小学校
○千葉県八千代市立八千代台東小学校

チャレンジ運動による仲間づくり──楽しくできる「体ほぐしの運動」
© Takeo Takahashi, 2000　　　　　　　　　　NDC375/vi, 221p/21cm

初版第1刷──2000年10月20日
　第2刷──2007年9月1日

著　者──ダニエル W. ミドゥラ／ドナルド R. グローバー
監訳者──高橋健夫
発行者──鈴木一行
発行所──株式会社大修館書店
　　　　〒101-8466 東京都千代田区神田錦町3-24
　　　　電話 03-3295-6231（販売部）03-3294-2358（編集部）
　　　　振替 00190-7-40504
　　　　[出版情報] http://www.taishukan.co.jp

装丁者──水野幸子／イラスト──落合恵子
印刷所──三松堂印刷
製本所──司製本

ISBN978-4-469-26454-8　Printed in Japan
[R] 本書の全部または一部を無断で複写複製（コピー）することは、
著作権法上での例外を除き禁じられています。

『体育科教育』別冊⓳

体ほぐしの運動

[編集委員]
高橋健夫（筑波大学）　三木四郎（大阪教育大学）　松本富子（群馬大学）
藤井喜一（東京学芸大学付属世田谷小学校）　長谷川聖修（筑波大学）

「自分の体に気付き、体の調子を整えたり、仲間と交流」することをねらいとした新学習指導要領の目玉ともいうべき「体ほぐしの運動」。新学習指導要領の移行措置が来年度から実施されることに伴い、具体的な授業像を求める現場からの声に応え、具体的実践例や構想例を豊富に盛り込み、「体ほぐしの授業」の考え方・進め方をやさしく解説。豊富な写真、イラストによって視覚面からの理解も容易にするよう工夫した。

B5判・156頁　本体1,524円

目次

パートⅠ　体ほぐしの運動例
1. いろいろな歩の運動例
2. 心地よいジョギングの運動例
3. リズミカルな運動の例
4. 用具を活用した運動
5. ペアーでのストレッチングの運動例
6. 集団で行う遊び
7. アドベンチャーゲームの運動例
8. 伝承遊び

パートⅡ
体ほぐしの運動の授業展開例
1. チャレンジ・ムーブ
2. アドベンチャーゲーム
3. 集団遊び
4. リズミング
5. エコ・ムーブ
6. ジャグリング
7. 野口体操
8. ダンス・セラピー的アプローチ
9. コンタクトワーク
10. ボディ・アウェアネス
11. ムーブメント教育
12. 身体の経験による実践展開例──歩く

パートⅢ
各領域と関連づけた体ほぐしの実践例
1. 器械運動の導入段階で行う実践例
2. 陸上運動の導入段階で行う実践例
3. ボール運動の導入段階で行う実践例
4. ダンスの導入段階で行う実践例
5. 水泳の導入段階で行う実践例
6. チャレンジ柔道

パートⅣ
理論編──体ほぐしの考え方・進め方
1. 「体ほぐし」運動の背景
2. 「体ほぐし」のねらいと内容
3. 体ほぐし授業の進め方──私の授業の進め方
　①仲間との関わりを大切にする体ほぐし
　②動く楽しさを追求する体ほぐし
　③動ける体の基礎を培う体ほぐし
　④気づきを大切にする体ほぐし

大修館書店　　　書店にない場合やお急ぎの方は、直接ご注文ください。Tel.03-5999-5434